Peter Schulthess

Es gibt mehr

Erfahrungen mit einer unsichtbaren Welt

*mit einem Vorwort von Professor Dr. Ralph Kunz,
Dekan Theologisches Seminar Zürich*

Meinen Eltern
in Dankbarkeit gewidmet

Peter Schulthess

Es gibt mehr

Erfahrungen mit einer unsichtbaren Welt

mit einem Vorwort von Professor Dr. Ralph Kunz,
Dekan Theologisches Seminar Zürich

Herzlichen Dank der Evangelisch-reformierten Landeskirche des Kantons Zürich, der Carl und Elise Elsener-Gut Stiftung und allen anonym bleiben wollenden Gönnerinnen und Gönnern für die Druckkostenbeiträge.

reformierte
kirche kanton zürich

Impressum

3. Auflage 2019

Lindenrain 5, 3012 Bern, Tel. 031 300 58 66, www.blaukreuzverlag.ch
Umschlagbild: Karin Antoniucci, Zürich (www.antoniucci.ch)
Satz: Blue Beret Werbeagentur, Thun BE
Herstellung: CPI books GmbH, Leck
ISBN: 978-3-85580-501-3

Inhalt

Vorwort eines Schultheologen

Professor Dr. Ralph Kunz, Dekan Theologisches Seminar Zürich

«Es gibt mehr» heisst der Titel dieses Buches, der zugleich Anfang eines Zitats ist. Die Gebildeten kennen es: «Es gibt mehr Dinge zwischen Himmel und Erde, als Eure Schulweisheit sich träumen lässt, Horatio.» Und die Hochgebildeten wissen auch, woher es stammt: aus William Shakespeares Hamlet. (Die genaue Stelle sei für die Bildungshungrigen verraten: 1. Akt, 5. Szene.)

Ich bin kein Schulweiser, wohl aber ein Vertreter der Schultheologie. Wie die Weisheit pflegt auch die Theologie eine akademische Kultur und wie die Schulmedizin spürt auch die Schultheologie ein gewisses Unbehagen, wenn Erfahrungen mehr wiegen als besseres Wissen. Die Skepsis, mit der die richtigen Mediziner Hausmittel, Heiler und ihre alternativen Methoden bedenken, kennt auch der Schriftgelehrte, wenn von Träumen, Visionen, Engelsstimmen und dergleichen mehr die Rede ist. Sie fragen dann, um noch einmal Hamlet zu bemühen: Sein oder Nichtsein?
Das ist aber nicht die Frage. Wer dieses Buch gelesen hat, wird mir beipflichten, dass die Frage, wie real das Beschriebene ist, völlig irrelevant ist. Ich rate Ihnen übrigens, mein Vorwort nicht zu lesen – zumindest nicht jetzt. Ich habe es nämlich nach der Lektüre geschrieben, also ist es ein Nachwort. Aber weil Sie jetzt erst recht weiterlesen – würde ich auch, wenn man mir sagt, ich soll es nicht – lesen Sie halt mein Nachwort vorher.

Was nun die Realität angeht, kann ich Ihnen garantieren: Sie werden in diesem Buch unglaubliche Dinge lesen. Aber ich bin sicher, den meisten geht es dabei wie mir. Ich glaube es. Wenn Menschen erzählen, wie sie wunderbar bewahrt, geheilt, erhört oder aber erschüttert, entrückt oder heimgesucht wurden, verspüre ich auch keinen Drang, diese Erlebnisse zu erklären. Einige der geschilderten Erfahrungen sind alltäglich, andere sind aussergewöhnlich. Aber es sind nie harte Fakten. Wer sich partout nicht wundern will, kann das Berichtete als Hirngespinst abtun, wer Ohren hat zu hören, hört etwas Wunderbares und sagt sich: Stimmt, es gibt mehr, als wir uns träumen lassen! Aber dazu muss man auch die engen Raster und Filter ein wenig öffnen – nicht ganz, aber mehr, als es unser aufgeklärtes Weltbild in der Regel zulässt.

Fragt sich nur, ob wir wirklich so aufgeklärt sind, wie es den Anschein macht. Sind wir nicht alle gerne bereit, mehr zu sehen, als wirklich da ist? Und ist nicht dieser Zug zum gutgläubigen Wunderglauben auch eine Quelle des Aberglaubens? Dem ist so. Ich plaudere aus der Schule. Es ist gar nicht nötig, eine Esoterikmesse zu besuchen. Die normale Buchhandlung – Abteilung Lebensberatung oder Mystik oder Spiritualität – genügt vollständig. Sie finden dort Hunderte von Büchern mit fantastischen Erlebnissen. Ich habe nicht alle gelesen, aber so viel, dass es für ein Vorwort reicht, das ich nicht schreibe und genug Vorwörter, um sagen zu können: Bitte nicht noch mehr! Da fliegen einem die Engelscharen nur so um die Ohren und Himmelsreisen und Heilungswunder – um einiges fantastischer, als die hier berichteten – werden feil geboten.

Nein, Sie haben nicht das falsche Buch gekauft! Meine Mahnung vor dem ungefilterten Wunderglauben will auch nicht

alles pauschal verurteilen, was geschrieben steht, aber das Urteilen – im Sinne des Prüfens und Unterscheidens – will ich mir nicht nehmen lassen. Wer sich mit der unsichtbaren Wirklichkeit befasst, sollte ein klein wenig von der Geisterunterscheidung verstehen oder sich auf einen zuverlässigen Begleiter verlassen, der sich auskennt.
Damit komme ich auf den Autor zu sprechen. Er verschwindet beinahe. Pfarrer Schulthess berichtet, was andere ihm geschrieben oder erzählt haben. Er macht das sehr kunstvoll – schlicht und schnörkellos – und geistvoll. Er kommentiert das Berichtete, ordnet es ein, führt es aus oder beleuchtet es mit einem Glanzstück aus der Tradition. Manchmal wunderte ich mich beim Lesen auch über den Meister, der treffsicher in die Schatzkiste greift und einen Bibelvers oder eine Liedstrophe zitiert, die das Gesagte noch mehr zum Leuchten oder Klingen bringt. Er ist ganz nahe bei den Menschen, die erzählen und bleibt doch in einer respektvollen Distanz zum Geheimnis, das sie ihm – und uns – mitteilen. Der Ton ist nie besitzergreifend oder voyeuristisch oder spirituell lüstern. Dann und wann kommt der Autor stärker zu Wort: einmal mehr verkündigend und immer wieder seelsorglich. Und das ist gut so.

Es ist darum nicht nötig, warnend den Zeigfinger zu heben und an die anderen Bücher zu erinnern, denen etwas mehr Schulweisheit gut täte und an mögliche falsche Schlüsse zu denken, die man ziehen könnte – von wegen real und so. Nach der Lektüre habe ich vielmehr den Impuls, für dieses Buch zu werben. Nicht weil hier alles Offenbarungscharakter hätte und endlich einer ein Fenster aufstösst und wir in den Himmel sehen würden. Auch die Leichtgläubigen bleiben auf dem Boden und heben nicht ab. Ging es Ihnen nicht auch so? Einige von Ihnen, die noch an die Autorität von Professoren glauben oder grundsätzlich folgsam sind, haben das Buch ja schon gelesen. Was haben die Erzählungen mit Ihnen gemacht? Was diese Zeugen mitteilen, macht für mich Sinn und eröffnet einen Sinn für Neues und Überraschendes. Mich macht es neugierig auf die Wunder Gottes – auf mehr. Am wichtigsten: es macht Lust, mehr zu beten.

Einige der Menschen, die dank des Autors zu Wort kommen, haben mit ihren Geschichten auch Abfuhren erlitten. Sie sind auf Unverständnis oder auf Desinteresse gestossen. Es wollte ihnen niemand glauben – oder noch schlimmer – sie wurden schief angeschaut. Jetzt steht ihre Geschichte aufgeschrieben – neben den Geschichten von anderen, die genauso schräg sind. Das macht etwas mit der eigenen Geschichte. Es könnte sein, dass der eine oder die andere froh ist, sein Zeugnis in der Wolke von Zeugen geben zu dürfen. Es objektiviert und relativiert das Eigene. Beides ist heilsam.

Ich bin dankbar für dieses Buch. Es macht Mut, es macht Hoffnung und es macht «gwundrig» auf die Dinge zwischen Himmel und Erde, von denen die wenigsten Schultheologen etwas verstehen. Lassen Sie es sich von einem sagen, der es wissen muss. Gute Lektüre – oder gute Nachlese im eigenen Leben!

Einleitung

Als ich kürzlich Brautleute beim Traugespräch fragte, ob sie schon einmal eine schwere Krankheit oder einen schlimmen Unfall erlebt haben, berichtete mir die junge Braut: «Ich wurde von einem Auto angefahren, als ich mit dem Fahrrad auf dem Fahrradweg unterwegs war. Dabei wurde ich auf die sehr stark befahrene Hauptstrasse geschleudert. Mein grosses Glück war, dass genau in dem Moment kein Fahrzeug kam. Für mich war da ganz klar, dass ich einen Engel bei mir hatte!» Von ähnlichen Geschichten soll auf den nächsten Seiten die Rede sein.

Es sind jedoch nicht nur Geschichten von wundervoller Bewahrung und Führung. Auf den Seiten dieses Buches erzählen Menschen von Schuld und Versagen, von Selbstzweifeln und persönlichen Krisen, von Krankheit und seelischen Verletzungen, von Erlebnissen rund um Sterben und Tod. Es geht auch um die Fragen nach Sinn und dem «Warum».

Viele der Betroffenen sind mit einer unsichtbaren, unfassbaren Wirklichkeit in Berührung gekommen. Dies prägt viele Erlebnisse, von denen die Rede sein wird.

Von dieser, für unsere Sinne oft nicht wahrnehmbaren Wirklichkeit, wird in dem Buch, das Bibel genannt wird, häufig erzählt. Im Grunde ist die Bibel eine Bibliothek mit 66 Schriften, die eine Zeitspanne von rund 3000 Jahren umfasst. Ganz unterschiedlich sind die Namen, mit welchen die unsichtbare Wirklichkeit in der Bibel umschrieben wird: Ewigkeit, Himmel, Himmelreich, Reich Gottes, Unendliches. Im Gebet, das von Jesus gelehrt wurde, wird auf diese unsichtbare Wirklichkeit Bezug genommen. Es wird gebetet:

«Unser Vater im Himmel, geheiligt werde Dein Name, Dein Reich komme!» Die Bitte «Dein Reich komme» ist der Ruf in die himmlische Welt, uns zu Hilfe zu kommen, uns zu begleiten, zu führen, zu schützen und zu lehren.

Jedoch eilen die Himmlischen nicht nur dort zu Hilfe, wo gebetet und geglaubt wird. Das Interesse des Himmels gilt allen Menschen. Dies zeigen Geschichten in diesem Buch. Die Berichte sind mir zugetragen worden, nachdem das Buch «Wie Engel begleiten»[1)] erschien ist. Ich erhielt die Erlaubnis, sie zu veröffentlichen. In der Regel habe ich die Berichte so belassen, wie sie mir anvertraut wurden. Da oder dort habe ich jedoch zum Schutz der Personen kleine Anpassungen vorgenommen, wobei der Kern der Geschichte immer bestehen blieb.

Ich veröffentliche die Geschichten gerade auch als Seelsorger. Die mir anvertrauten persönlichen Erlebnisse zeigen, dass es neben finsteren, bitteren und unsäglich schmerzvollen Ereignissen in der Biographie von Menschen eben auch das andere gibt, was wir kurz und bündig mit einem Wort umschreiben: Wunder! Manchmal werden Sternstunden gerade in Zeiten grösster Not erlebt und manchmal ganz einfach mitten im Alltag, oft unspektakulär aber unvergesslich.

Martin Luther King hat es einmal so gesagt:
«Komme, was mag. Gott ist mächtig. Wenn unsere Tage verdunkelt sind, so wollen wir stets daran denken, dass es in der Welt eine grosse segnende Kraft gibt, die Gott heisst. Gott kann Wege aus der Ausweglosigkeit weisen. Er will das dunkle Gestern in ein helles Morgen verwandeln.»[2)]

Dass es diese grosse, segnende Kraft gibt, daran möchte ich mit diesem Buch erinnern. Zugleich möchte ich ermutigen, sich mit dieser segnenden Kraft in Verbindung zu setzen. Wie das geschehen und sich im «Abenteuer Leben» auswirken kann, können Sie den persönlichen Beispielen und meiner eigenen Erfahrung entnehmen.

Nun sind wir Menschen ja sehr verschieden in unserer Prägung und unseren Erfahrungen. Das trifft auch auf religiöse Erlebnisse und Einsichten zu. Bis in die religiöse Sprache hinein, machen sich die Unterschiede bemerkbar. Deshalb kann es sein, dass Ihnen das Eine oder Andere in diesem Buch fremd vorkommt. Vielleicht kann aber gerade dieses Fremde zu einem Aufbruch locken und zu weiteren eigenen Erfahrungen mit dem Himmelreich führen.

Pfäffikon ZH, im Herbst 2014, Peter Schulthess

Sie werden Helden genannt – Kapitel 1

In den USA gibt es die Aktion «Helden der Lüfte», in Deutschland die «Helden der Strasse» und im Schweizer Radio SRF 1 die Sendung «Helden des Alltags».

Mit dem Ehrentitel «Held» werden Menschen ausgezeichnet, die anderen durch mutiges Handeln beigestanden sind und Aussergewöhnliches geleistet haben. Menschen, die sich für Menschen einsetzen.

Manchmal jedoch geraten Menschen in Situationen, in denen jede menschliche Hilfe zu spät gekommen wäre und doch wird ihnen geholfen. Sie erleben «Unglaubliches», und wie ein Blitz aus heiterem Himmel sind die himmlischen «Helden» da und greifen ein, wie der nachfolgende Bericht zeigt.

Er war ein begeisterter Deltaflieger. Wieder einmal befand er sich mit seinem Delta in der Luft, als er von einer Kaltfront überrascht wurde. Weil sich die kalte Luft unter die warme schob, trug ihn der Aufwind am Berghang immer höher hinauf Der Segler stieg und stieg, es liess sich sehr leicht fliegen, so dass es eine Freude war. Endlich entschloss sich der 23-jährige Segler, das Tal und den Landeplatz anzufliegen. Aber der Wind hob ihn höher und immer höher. Es war aussichtslos. Dann drückte ihn der Aufwind auf die andere Seite des Bergkammes, wo er in kräftige Abwinde geriet. Der Delta wurde mitgerissen und stürzte nun praktisch senkrecht hinunter. Das Tal, in welches er hineingeblasen wurde, bestand zuoberst aus Alpweiden, weiter unten aus Wald, und am Talboden sah er eine Strasse, einen Fluss und eine Hochspannungsleitung. Verzweifelt versuchte er, eine Alpweide anzufliegen, aber vergebens. Schon kam er dem Wald näher. Er sah unter sich eine kleine Waldschneise und versuchte, diese zu erreichen. In diesem Moment schien es, dass sich der Delta, rückwärts überschlagen würde. «Jetzt passiert's», schoss es dem Segler durch den Kopf. Und was geschah? Er erinnert sich: «Genau in diesem Moment übernahmen Engel die Kontrolle. Das linke und rechte Flügelende und die Spitze wurden von ihnen ergriffen, und sie haben eine ganz sanfte Landung herbeigeführt, ohne mein weiteres Zutun. Es war unglaublich, ich hatte keinen Kratzer. Links und rechts reichten die Flügel des Delta in Büsche am Waldrand. Ich bin mitten in der schmalen, steilen Schneise gelandet.»

Noch eine ganze Weile sass er da, total benommen und konnte es gar nicht fassen, was sich soeben zugetragen hatte: Er war heil und der Delta praktisch unversehrt. Lediglich ein Drahtseil des Fluggerätes hatte sich an einem Stein etwas aufgerissen. Unglaublich! Und alles war in Sekundenbruchteilen geschehen. «Ich weiss nicht, ob ich die Engel wirklich gesehen oder bloss sehr stark gespürt habe. Es könnte sein, dass von den Engeln eine so starke Energie ausging, dass ich nur glaubte, diese zu sehen», erzählte er mir.

Viele Jahre lang sprach der Gerettete mit niemandem über dieses Ereignis. «Irgendwie war das Vorgefallene etwas sehr Persönliches für mich», erklärte er und meinte weiter, «etwas zwischen Gott und mir.» Erst Jahre später hat der Betroffene das Ereignis gegenüber wenigen Personen erwähnt, wobei er den Eindruck bekam, dass man ihm nicht glauben würde, eben gerade, weil es so unglaublich war. Trotz den stillen Bedenken derer, denen er sich anvertraut hatte, gab es für ihn keinen Grund zu zweifeln: «Für mich steht noch heute fest, dass da drei Gestalten waren, die den Delta ganz fest gepackt hatten.»

Da geschah «etwas zwischen Gott und mir.» Das ist ein bemerkenswerter Hinweis. Der Begriff «Engel» bedeutet bekanntlich «Bote», das heisst, «jemand, der mit einem Auftrag gesandt wurde». Die «himmlischen Helden» sind die Einsatzkräfte Gottes, wie man es in der Polizeisprache ausdrücken würde, Gesandte aus der Welt Gottes. Sie wirken im Auftrag Gottes, sind uns zur Seite gestellt, weil dies seine Absicht ist. Sie werden in der Bibel tatsächlich als «Helden» bezeichnet. So ist in Psalm 103 zu lesen:

«Lobet den Herrn, ihr seine Engel, ihr starken Helden, die ihr seinen Befehl ausrichtet (...) Lobet den Herrn, alle seine Heerscharen, seine Diener, die ihr seinen Willen tut!»[3)]

Durch die himmlischen Helden wird die Fürsorge Gottes sichtbar. Deshalb betonte der Engel Raphael gegenüber einem jungen Paar, dem er geholfen hatte: «Nicht mir habt ihr zu danken, dass ich euch geholfen habe; es geschah alles in seinem Auftrag. Ihn sollt ihr ein Leben lang rühmen und ihm Loblieder singen.»[4)]

Menschen, die auf aussergewöhnliche Weise aus einer lebensbedrohlichen Situation gerettet werden, muss man kaum je dazu aufrufen, Gott zu danken. Wenn es im Volksmund heisst «Not lehrt beten», so muss Beten nach einem derart überwältigenden Ereignis nicht gelernt werden. Da fliesst es förmlich aus dem Herzen heraus, und es geschieht, wie es Jesus einst geschildert hat: Wovon das Herz überquillt, davon redet man auch.[5)]

Auch die nächste Erzählung handelt von einem Wetterumsturz und davon, was eine alte Geschichte in einem jungen Leben bewirken kann.

Wie eine alte Geschichte in einem jungen Leben wirkt – Kapitel 2

Mit 18 Jahren begegnete er einer Gruppe junger Christen, die sich regelmässig in einer Scheune trafen. Es war ein wild zusammengewürfelter Haufen aus ganz unterschiedlichen Typen, die sich «Jesus People» nannten. Jesus war für die jungen Menschen das Vorbild. Deshalb wurden biblische Texte, insbesondere die Geschichten über Jesus, studiert und diskutiert. In ihrer jugendlichen Begeisterungsfähigkeit waren die Teilnehmer dieser Zusammenkünfte davon überzeugt, dass dieser Mann aus Nazareth auch in ihren Tagen noch genau so zu erleben sei, wie 2000 Jahre zuvor. Es herrschte eine elektrisierende, spannungsgeladene Stimmung, die auf den 18-Jährigen ansteckend wirkte. Während sich in jenen Tagen unter vielen jungen Menschen eine «no future»-Stimmung verbreitet hatte, erlebte er in diesem Kreis genau das Gegenteil: Ein Leben voller Erwartungen. Bei jeder Zusammenkunft erzählten Einzelne, was sie mit Jesus erlebt hatten.

«Mit Jesus erlebt haben»? Diese Ausdrucksweise mag für einige Leserinnen und Leser seltsam und befremdend klingen. Wie kann man mit einer Person etwas erleben, die gestorben ist. Aber für diese jungen Menschen aus dem Zürcher Oberland war er nicht gestorben, sondern allüberall gegenwärtig durch seinen Heiligen Geist. «Ich bin bei euch alle Tage!» Dies hatte damals Jesus seinen Nachfolgern versprochen, daran glaubten sie. Er war ihr Begleiter, ihr Lehrer, dem sie ihr Leben verschrieben hatten. Mit ihm redeten sie, ihn baten sie um Beistand, um Führung. Ihm stellten sie ihre Zeit, ihre Talente, ihr Geld, kurzum ihr Leben zur Verfügung. Sie studierten die

Heiligen Schriften, um seine Denkweise und seine Art zu handeln kennen zu lernen. Im Grunde übten diese Menschen nichts anderes, als in Verbindung mit einer unsichtbaren Wirklichkeit zu leben. In einer Verbindung, die Einfluss hatte auf das tägliche Leben und die aus dem Alltag eine abenteuerliche Zeit werden liess.

Das faszinierte den 18-Jährigen. Wie viele junge Menschen damals, so brannte auch ihm die Frage im Herzen, was denn eigentlich der Sinn des Lebens sei. Oftmals konnte er am Sonntagabend nicht einschlafen, weil er sich fragte, ob das nun alles sei: Montag bis Freitag arbeiten, um sich dann auf das Wochenende zu freuen. Dieses ausgelassen zu geniessen, und dann beginnt alles wieder von vorne. Und dies zweiundfünfzigmal im Jahr und viele Jahre lang. Wie viele Teenager in jener Zeit, trieb auch ihn die Sehnsucht nach einem sinnvollen Leben um.

Ob er gefunden hat, was er suchte? Er wurde neugierig und begann, regelmässig an den Zusammenkünften teilzunehmen. So lernte er im Kreis dieser Gruppe die Jesus-Geschichten kennen.

Ungefähr drei Jahre waren vergangen, als er in der Schweizer Armee bei den Gebirgstruppen im Winter Militärdienst leisten musste. Die Truppe logierte in den Bergen Graubündens im Gebiet des San Bernardino. Für eine Übung hatte die Einheit auf einer Alp notdürftig Unterkunft bezogen. Was er damals erlebt hat, schilderte er mir so:

«Da ich für die Verpflegung zuständig war, musste ich regelmässig auf den Skiern ins Tal hinunter, um alles zu organisieren. So verliess ich auch an diesem späteren Nachmittag die

Alphütte. Ich war schon einige Zeit unterwegs, als plötzlich ein Schneesturm aufkam. Das Schneetreiben wurde immer dichter, bald sah ich keinen Weg mehr. Ich verlor jegliche Orientierung und wusste nicht mehr, wo ich mich befand. Alles war weiss, und ich hielt an. Schon begann es zu dämmern, es war eisig kalt! Ich befürchtete, in unwegsames Gelände zu geraten mit der Gefahr abzustürzen, da die Gegend von Felswänden durchsetzt war. Eine entsetzliche Angst überfiel mich, während der Sturm gnadenlos um mich herum tobte. Der Wind peitschte mir die Schneeflocken ins Gesicht. Kälte und Verzweiflung krochen in mich hinein. Da stand ich nun, hilflos den Naturgewalten ausgeliefert, frierend und zitternd vor Kälte und Angst.

Da kam mir in meiner ausweglosen Situation eine Jesus-Geschichte in den Sinn, die wir in jener Scheune gelesen und besprochen hatten. Die Jünger ruderten damals über einen See. Sie befanden sich bereits weit draussen, als ein fürchterlicher Sturm losbrach. Als ehemalige Fischer kannten sie sich mit einer rauen See aus. Doch der Sturm wurde derart gewaltig, dass sie befürchteten, ihr Boot sänke. Sie hatten zwar Jesus bei sich im Boot, der aber schlief erstaunlicherweise trotz der heftigen Wellen, die das Boot wie eine Nussschale hin- und herwarfen und manchmal gar über dem Boot zusammenschlugen. Das Boot füllte sich bereits mit Wasser, und sie befanden sich in grosser Gefahr. Sie weckten ihn mit den Worten: ‹Meister, Meister, wir gehen unter!› Da stand er auf, schrie den Wind an und sprach zum See: ‹Schweig, verstumme!› Und der Wind legte sich, und es trat eine grosse Windstille ein.[6)]

Diese Geschichte kam mir in den Sinn. Reflexartig und ohne zu überlegen rief ich in den Sturm hinein: ‹Sei still, wie damals bei Jesus!›, oder so ähnlich. Die genauen Worte weiss ich nicht mehr, aber eines vergesse ich nie – sofort wurde es still und hell! Jetzt sah ich wieder, wo ich mich befand und erkannte auch den Weg. Ich fuhr los. Doch dann kam der Sturm zurück und hüllte mich nochmals ein. Ich schrie ein zweites Mal in das Toben hinein und wieder – es wurde augenblicklich ruhig. Da konnte ich die Strasse sehen! Dort erwartete mich ein Militärfahrzeug, um mich ins Tal zu fahren. Ich erreichte den Treffpunkt und stieg ein. Kaum sass ich in der sicheren Fahrerkabine, fing es erneut an zu stürmen, doch ich befand mich in Sicherheit. Ich war so glücklich! Dieses Gefühl kann ich kaum beschreiben. Mir schien, als hätte mir Jesus ein neues Leben geschenkt. Immer wieder konnte ich im Herzen nur sagen: ‹Danke!›

Anderntags vertraute ich, noch immer sehr bewegt und aufgewühlt, das Erlebte einem befreundeten Militärkameraden an, der das Gebirge gut kannte und mit mir den Dienst absolvierte. Ich musste unbedingt loswerden, was ich ‹mit Jesus erlebt hatte›. Als ich ihm erzählte, was geschehen war, freute er sich zwar sehr mit mir, meinte aber: ‹Das war kein Wunder und nichts Aussergewöhnliches! Du bist glücklicherweise ins Auge des Sturms geraten. Dort ist es immer ruhig. Das hat dich gerettet.›

Für mich blieb es ein lebensrettendes Wunder. Auch wenn ich durch diese Erklärung gelernt habe, dass Jesus nicht die Naturgesetze ausser Kraft setzen muss, um zu helfen und zu retten, sondern sie gerade dazu benützen kann.» Mit dieser Einsicht schloss er seinen Erlebnisbericht.

Natürlich kann man sich auf Grund eines solchen Erlebnisses fragen: War das nun ein Wunder oder kein Wunder? Was ist überhaupt ein Wunder? Geht es in Wundern immer um übernatürliche Erscheinungen oder übernatürliche Erlebnisse? Oder sind Wunder schlicht und einfach wunderbare Begebenheiten und Erlebnisse, die sprachlos machen, unvergesslich bleiben, über die man sich jedes Mal von neuem wundert, wenn man davon erzählt und die ein tiefes Gefühl von Dankbarkeit zurücklassen?

Dieses Gefühl der Dankbarkeit findet sich auch in der folgenden Geschichte, erlebt ebenfalls in der Schweizer Armee. Ein Militärfahrer erzählte:

«Wir fuhren des Nachts bei sternenklarem Himmel die steile und teils schmale Bergstrasse von der Stöckalp Richtung Melchsee-Frutt. Nach ungefähr zwei Dritteln der Strecke schlief ich ein. Plötzlich gab es einen heftigen Knall vom Aufprall mit dem rechten Stossstangenende an einen Baum. Diesen Knall bemerkte ich, und gleich danach spürte ich, wie mich jemand aus dem Fahrzeug hob. Ich glaube, es war irgendwie kurz hell vor meinen Augen. Anschliessend spürte ich nichts mehr, bis ich im steilen Abhang ungefähr fünfzehn Meter weiter unten quasi erwachte. Um mich herum schepperten laut die Teile, welche auf der Fahrzeugbrücke lagen, und ich schaute als erstes nach oben, ob mich nichts treffen könnte. Ich sah nichts, ausser dass es anschliessend laut krachte. Das Krachen und Scheppern kam vom Fahrzeug, das über eine zehn Meter hohe Felswand stürzte. Und dann war es ruhig um mich. Wir fanden es am anderen Tag auf der Alp völlig demoliert und den Motor weit entfernt an einer anderen Stelle liegend. Ich schaute hoch ins Sternenmeer, dankte Gott und sah meine Kollegen oberhalb am Strassenrand stehen. Ich rief, dass mit mir alles in Ordnung sei. Dann kam ein schockierter Kollege den Hang herunter, der so steil war, dass wir Mühe hatten, ihn emporzuklettern. Ich hatte weder einen Schock, noch irgendetwas gebrochen. Ich war einfach unendlich dankbar.»

Nicht in einer sternenklaren Nacht geschah das, was auf den nächsten Seiten berichtet wird, sondern an einem strahlenden Wintertag, an dem die Schneekristalle im Schein der Sonne nur so funkelten. Doch wie es das Leben so mit sich bringt: In kurzer Zeit kann alles anders werden.

Der Mann aus dem weissen Nichts – Kapitel 3

Ihre Freundin arbeitete in jener Zeit in Oslo in einem Spital. Beide waren begeisterte Langläuferinnen. Was lag da näher, als gemeinsam Langlaufferien im Norden von Norwegen zu verbringen? Von Oslo aus fuhren sie zunächst einige Stunden mit Zug und Bus nach Norden. Dann hiess es Skier anschnallen! Etwa vier Stunden liefen sie auf ihren Brettern durch eine tiefverschneite Landschaft. Da gab es keinen Baum und auch keinen Strauch. Hin und wieder war die Route mit einem Stock bezeichnet. Endlich erreichten sie am Fuss des bekannten und markanten Bergmassives, genannt Rondvassbu, eine kleine Ansammlung von Blockhütten.

Von hier aus unternahmen die beiden täglich Ausflüge in die herrliche Winterlandschaft. Loipen gab es keine. Ein einziger dunkler Fleck war in dieser weissen Landschaft sichtbar: die Felswand am Berg. An dieser orientierten sie sich jeweils, um den Rückweg zur Blockhütte wieder zu finden.

Schnell verging die Zeit, wie das ja meist in den Ferien so ist, und schon kam der letzte Tag. Es sollte nochmals ein besonderer Tag werden. Er wurde es auf eine Art und Weise, wie sie es sich nicht vorgestellt hatten.

Als Ausflugsziel wählten sie die bei Touristen sehr beliebte «Peer Gynt»-Hütte, die ungefähr 20 Kilometer von ihrer Unterkunft entfernt lag. Bei strahlendem Winterwetter machten sie sich auf den Weg. Die Natur zeigte sich von ihrer märchenhaften Seite, die Schneekristalle funkelten in den Sonnenstrahlen, der Schnee war leicht und trocken. Sie kamen zügig voran und erreichten ihr Ziel bei bester Laune.

«Nach dem Genuss von Gemütlichkeit und Geselligkeit in der Hütte, machten wir uns wieder auf den Rückweg», erzählte mir eine der Langläuferinnen. «Noch schien die Sonne und wir zogen tüchtig los, doch schon nach kurzer Zeit kam Wind auf. Es begann zu schneien, immer dichter, so dass man bald kaum mehr die Skispitzen wahrnehmen konnte.»

In diesem Schneetreiben verschwand auch ihr einziger Orientierungspunkt, die Felswand am Berg, hinter dem Vorhang von Weiss! Sie fuhren zögernd und verunsichert im weissen Nichts weiter, ohne zu wissen, ob es die richtige Richtung sei.

«Bald wurden wir von einem Mann eingeholt», berichtete sie weiter, «der sich nach unserem Ziel erkundigte und sagte, dass wir ihm folgen sollten. Immer wieder griff er nach seinem Kompass, was meistens eine Richtungsänderung nach links zur Folge hatte – während ich doch meinte, dass wir uns mehr nach rechts hätten halten sollen. Nun, wir folgten ihm und mussten aufpassen, dass wir uns nicht aus den Augen verloren, bis wir plötzlich dicht vor unserer Blockhütte standen.»

Dies ist für mich nicht nur eine wunderschöne Geschichte von Rettung und Hilfe in Not, sondern auch ein gutes Lernbeispiel für unser Leben. Die beiden langlaufbegeisterten Frauen hatten eine Felswand, an der sie sich orientieren konnten. Wir alle haben in der Regel solche Orientierungspunkte, an die wir uns bewusst (und sehr oft unbewusst) halten. Es sind von den Vorfahren übernommene Weisheiten, in Schule und Beruf Gelerntes, an anderen Menschen und in gesellschaftlichen Abläufen

Beobachtetes und selbst erarbeitete Erkenntnisse und Erfahrungen, welche die eigene «Felswand» ausmachen. Für Christen zählt zur Felswand auch die Bibel dazu. Deshalb wird in den Gottesdiensten immer wieder darauf Bezug genommen, wie es auch in jener Gruppe von Christen, von welcher in der vorherigen Erzählung die Rede war, geschah.

Nun ergeben sich Situationen, in denen wir trotz all unserer Erfahrungen und Einsichten nicht weiterkommen und weiterwissen. Manchmal kommt unerwartet Hilfe, wie in obigem Erlebnis überraschend ein Mann aus dem Nichts aufgetaucht ist. Von diesem Augenblick an spielte zwischen dem Fremden und den beiden Langläuferinnen etwas Wesentliches eine zentrale Rolle: das Vertrauen! Sie sollten ihm folgen, hatte er gesagt. Durften sie sich dem Unbekannten wirklich anvertrauen? Kannte er den Weg? Würde er sie sicher ans Ziel führen? Meinte er es gut mit ihnen? Diese Fragen stellten sich ihnen immer wieder von Neuem, wenn er ihre Richtung anhand des Kompasses überprüfte und dann mehr nach links abbog, während sie dachten, es müsste eigentlich nach rechts gehen. Mehrmals standen sie vor der Entscheidung: Können wir ihm vertrauen?

Diese Frage stellt sich auch im Umgang mit der unsichtbaren Welt. Ich erinnere daran, dass Jesus ähnlich wie dieser Mann die Leute aufgefordert hat, ihm nachzufolgen und dicht hinter ihm zu bleiben. Immer und immer wieder mussten sie sich entscheiden: Können wir ihm vertrauen? Sollen wir ihm weiter folgen, obwohl er im Gegensatz zum Bisherigen und Gewohnten, so oft eine unerwartete Richtung einschlägt? Sollen wir wirklich seine Überzeugungen, seine Lehren, seine Art zu denken und zu handeln übernehmen? Woher nimmt er seine Ein-

sichten, seine Fähigkeiten, seine Kräfte? Kann man ihm vertrauen, ihm sich anvertrauen? Jener Mann in der obigen Geschichte liess sich durch einen Kompass leiten. Von was oder wem liess Jesus sich leiten? An was orientierte er sich? Was war sein «Kompass»?
Er wuchs in einer bestimmten Zeit der Weltgeschichte auf. Wie heute war es auch damals eine sehr unruhige Zeit. Er lernte lesen und schreiben und bei seinem Vater den Beruf des Zimmermanns.[7] Durch regelmässige Besuche der Synagoge wurde er vertraut mit den religiösen Schriften und Traditionen des jüdischen Volkes. Dies war seine «Felswand», an der er sich orientieren konnte.

Aber er richtete sich nicht alleine an dieser Felswand aus. Denn diese ist starr und kann, wie die Erfahrung aus Norwegen zeigt, in ganz konkreten Situationen nicht immer helfen. Deshalb pflegte er den Umgang mit der unsichtbaren Welt. Er stand in regelmässigem Kontakt mit der guten Geisterwelt Gottes. In dieser Weise ist seine Aussage zu verstehen: «Ihr werdet den Himmel offen sehen und die Engel Gottes auf- und niedersteigen auf den Menschensohn.»[8] Menschensohn nannte er sich, um zu betonen, dass er wirklich ein Mensch geworden ist, obwohl er aus der unsichtbaren Wirklichkeit auf die Erde kam. Das bedeutet: dass er lernen musste wie ein Mensch, dass er Fehler machte wie ein Mensch, dass er fühlte wie ein Mensch und dass er Bedürfnisse hatte wie ein Mensch. Er lebte unter den Bedingungen des Menschseins, wie Menschen eben leben. Er wollte mit der Bezeichnung «Menschensohn» sagen: «Ich bin einer von euch». Gleichzeitig wird er «Sohn Gottes» genannt, was auf seine Herkunft hindeutet. Beide Bezeichnungen zusammen drücken aus: Ich bin ein Mensch, komme aber von oben her. Meine Aufgabe ist es, die unterbrochene Verbindung zwischen Erde und Himmel, zwischen sichtbarer und unsichtbarer Welt wieder herzustellen und zu lehren, wie man mit jener in Verbindung treten kann.

Oft entzog sich Jesus den Menschen und dem Betrieb der Welt, um die Verbindung mit der unsichtbaren Welt zu suchen. «Und es geschah in diesen Tagen, dass er wegging auf den Berg, um zu beten. Und er verbrachte die ganze Nacht im Gebet zu Gott.»[9)] Das Gebet war sein Kompass. Da erfuhr er die Richtung, in die er gehen sollte. Es war nach einem solchen nächtelangen Zusammensein mit der himmlischen Welt, dass er die zwölf Jünger auswählte.

Wie kam er zu dieser Wahl? Hat er in jener Nacht die einzelnen Lebensgeschichten, Ausbildungswege, Zeugnisse und Charaktereigenschaften studiert und dann die Wahl getroffen, wie das heute die Personalabteilungen in Unternehmen tun? Wurden ihm die Namen diktiert? Was geschah in jener Nacht und in den vielen Nächten, die er im Gebet zu Gott verbrachte? Wie führt die unsichtbare Welt? Wie kommuniziert sie?

Spüren wir heutigen Erfahrungen nach, um mehr über die Kommunikation zwischen Himmel und Erde zu erfahren. Das soll in den nächsten Geschichten geschehen.

Eine eigenartige Erscheinung in der Nacht – Kapitel 4

Auffallend ist, dass Jesus oft in der Stille der Nacht oder in der Abgeschiedenheit von Bergen und Gärten das Gespräch mit der himmlischen Welt suchte. Es leuchtet ein: Wenn die Welt «schweigt», kann man besser hören. Wenn die äusseren Reize abnehmen und die Sinne nicht mehr so stark abgelenkt werden, kann man sich eher auf das, was aus der Ewigkeit kommt, konzentrieren. Beten kann man auch so verstehen: Wie bei einem Radiogerät stelle ich eine bestimmte Frequenz ein. In der Meditation versucht man sich über einen gewissen Zeitraum hinweg ausschliesslich auf diese Frequenz auszurichten.

Hören wir dazu folgendes Erlebnis. Ein junger Mensch erzählt:

«Eines Nachts habe ich vor dem Einschlafen meditiert und mir so sehr gewünscht, dass ich mal einen Engel sehe. Denn was ich oft erlebe ist, dass ich eine Stimme in mir drin höre. Meistens weiss ich, dass es nicht meine Gedanken sind, denn ich denke in Ichform. Diese Stimme, die genau gleich klingt wie meine Gedanken, redet mich aber in Du-Form an. Für mich ein Beweis, dass es nicht ich bin, die denkt, sondern mich eine Drittform so anspricht.

Jedenfalls wurde ich mitten in der Nacht wach und war mir sicher, dass ich wirklich wach war. Ich sah in einer Entfernung von ungefähr drei Metern eine Art Licht-Ei, das aussah, wie ein Neuronennetzwerk mit pulsierenden Farben, mit Knotenpunkten und Verbindungslinien, dazwischen alles umgeben von einer Lichthülle. Die Erscheinung war wohl etwa anderthalb Meter gross und über dem Boden schwebend. Völlig fasziniert schaute ich hin. Nach einigen Sekunden war alles vorbei, und ich sass völlig baff in meinem Bett. Danach musste ich lachen. Denn durch diese ungewöhnliche Erscheinung war es für mich ein Beweis mehr, dass sich mir mein Engel gezeigt hat. Wäre er in der typischen Personengestalt mit Flügeln erschienen, hätte ich es als Traum abgetan oder es nicht geglaubt. Dank dieser faszinierenden, ungewöhnlichen Erscheinung bin ich bis zum heutigen Tag überzeugt, dass sich mir mein Engel gezeigt hat. Leider geschah es nie wieder. Aber die Stimme in mir drin begleitet mich immer, und wenn ich nicht gestresst oder mit der Aussenwelt zu sehr beschäftigt bin, höre ich sie immer besser. Stets, wenn ich auf diese Ratschläge nicht gehört habe, kam es schief heraus.»

Diese Geschichte ist mir wichtig, weil sie von Fixierungen befreit. Oft bestimmen klare, religiöse Vorstellungen das Denken, wenn es um die unsichtbare Welt geht. Fremdartiges, Rätselhaftes, Unbekanntes, das nicht in diese fixen Bilder passt, verunsichert oder wird kategorisch abgelehnt. Man bedenke: Wenn schon die Erscheinungen in der mit unseren Sinnen fassbaren Natur so vielfältig sind, um wie viel mehr können Erscheinungen aus dem Reich Gottes unfassbar viele Variationen annehmen. Gerade für Personen, die mit einer personalen Vorstellung Gottes grosse Mühe haben, können Begegnungen von obiger Art von Bedeutung sein. Wie sagte doch die junge Person: Wäre er in der «typischen Personengestalt mit Flügeln erschienen, hätte ich es nicht geglaubt.»

Bei der Taufe Jesu, so wird berichtet, tat sich der Himmel auf und Johannes der Täufer sah den Geist Gottes wie eine Taube niedersteigen und auf Jesus herabkommen und er hörte diese

Worte: «Das ist mein geliebter Sohn, an dem ich Wohlgefallen habe.»[10] Hier erscheint der Beistand aus dem Himmel in Form einer Tiergestalt, was niemanden überrascht, weil dieser Bericht bekannt ist. Tatsächlich aber ist es eine eher ungewohnte Gestalt, in welcher sich die Gegenwart Gottes zeigt.

Sowohl bei der Taufe von Jesus wie auch in der obigen Geschichte wird vom Hören einer Stimme erzählt. Wer versucht, in sich die Stimme der himmlischen Welt zu vernehmen, wird auf ein grosses Stimmengewirr stossen. Es geht ihm vielleicht ähnlich wie mir in folgendem Erlebnis:

Ich wurde von einem Schulkollegen zu einem Flug eingeladen. Um uns trotz des Motorenlärms zu verständigen, zogen wir beide Kopfhörer an. Nun war da nicht nur die Stimme meines Freundes zu hören, sondern auch die Stimme des Kontrollturms des Flughafen Zürich und die Stimmen von landenden und startenden Piloten. Es war ein grosses Durcheinander im Kopfhörer. Weil mir aber die Stimme meines Schulfreundes schon seit langem bekannt war, erkannte ich sie auch in diesem Stimmengewirr.

In Bezug auf das Hören von Stimmen scheint eine gewisse Vorsicht heilsam. Wir sind keine Sklaven und keine Marionetten, die nur das tun, was irgendwer in uns sagt oder gar befiehlt. Eine Stimme mag bedrängend und dominant auftreten. Sie mag sich vielleicht als hoher Engel oder ein hohes Geistwesen oder eine verstorbene Persönlichkeit ausgeben. Wie auch immer: Gott will keine Sklaven, sondern selbständige und eigenverantwortliche «Söhne und Töchter». Deshalb hat sich der Apostel Paulus an dieses Motto gehalten: «Prüft aber alles, das Gute behaltet.»[11]

Im Buch «Die Sprache der Seele verstehen – die Wüstenväter als Therapeuten» geht Daniel Hell, Professor für Klinische Psychiatrie, auch auf diese Frage ein.[12)] Er schreibt. «Alles entscheidend ist, ob die vermittelte Botschaft für den betroffenen Menschen auch stimmig ist. Stimmig ist sie aber nach Auffassung der Wüstenväter dann, wenn sie beim Vernehmenden eine innere Ruhe bewirkt. Führt das, was gedacht oder vernommen worden ist, zu einem inneren Gehetztsein, so ‹stimmt› das Vernommene oder Gedachte für den Betroffenen nicht, auch wenn es noch so beeindruckend in seiner Logik oder seiner Poesie ist. Weil aber das vernommene Wort keine Garantie ist, Gutes zu bewirken, braucht es die Gabe der Unterscheidung, die nicht eine Qualität des Denkens, sondern des Herzens ist.

Dem möchte ich ein eigenes Erlebnis anfügen:

Einst erwachte ich. Es war eine Zeit, in der ich viele Bücher erhalten hatte, mit der Empfehlung, sie zu lesen. Sie alle trugen einen vielversprechenden Titel, und ich hoffte, durch die Lektüre weitere Einsichten zu gewinnen. Ich hatte mich also auf die Literatur gestürzt, las manchmal einige Bücher gleichzeitig, denn ich wollte sie auch endlich wieder zurückgeben. Da erwachte ich also eines Nachts mit diesem Gedanken: «Du hast zu viele Buchstaben im Kopf.» Dieser Gedanke, dieser Satz oder soll ich sagen diese Stimme, traf mich sehr! Denn es stimmte: Die vielen Bücher hatten mich in einen Stress gebracht, und ich konnte gar nicht ins Leben umsetzen, was ich da alles las! Dieses Erlebnis führte dazu, dass ich manche Schriften wieder ungelesen zurückgab. Es war also «stimmig» für mich, wie es Professor Hell in seinem Buch ausführt. Mir scheint auch, dass Gott wortkarg ist. Er mischt sich nicht dauernd in unser Leben ein und gibt zu jedem und allem seinen Kommentar oder seine Anweisungen. Frohgemut und unternehmensfreudig dürfen wir unser Leben nach unserem besten Wissen und Gewissen selbst gestalten. Besonders wenn eine Stimme immer aufdringlicher wird, uns keine Ruhe und nicht mehr schlafen lässt, dürfen wir bestimmt wie Jesus befehlen: «Schweig. Verstumme!» Sollte die bedrängende Stimme immer noch keine Ruhe geben, ist es ratsam, Hilfe zu beanspruchen.

Im Flug mit meinem Schulkollegen konnte ich seine Stimme aus all den anderen heraushören, weil ich mit ihr vertraut war. Die Stimme des himmlischen Begleiters kann man auch kennen lernen, in dem man horcht und einen Ratschlag, sofern er nicht abstrus ist und einem selbst oder andern schadet, überprüft. Man kann dabei mit ganz Alltäglichem beginnen so wie es zwei Frauen taten, von denen im nächsten Absatz berichtet wird.

Eine der beiden Frauen berichtet:

«Es war ein herrlicher Sommertag, als eine Kollegin und ich um den Pfäffikersee spazierten. Normalerweise lege ich meinen Autoschlüssel bei Wanderungen immer unters Auto. Schliesslich ist meine Gabe im Schlüsselverlieren bekannt. Aber dieses Mal getraute ich mich irgendwie nicht. Ich schämte mich und nahm den Schlüssel mit. Wir diskutierten über Gott und die Welt, rasteten oft, genossen Gespräch, Gemeinschaft und Natur. Als wir uns dem Parkplatz näherten, fasste ich in den Mantelsack, um den Autoschlüssel herauszunehmen. Da war aber kein Schlüssel! Ich musste ihn verloren haben. Wir müden Frauen diskutierten und plötzlich kam diese feine Stimme und sagte mir, dass der Schlüssel im Restaurant am See an der Rezeption «warten» würde. Ich erklärte meiner Kollegin, dass wir zum Restaurant fahren sollten, denn dort würde ich mit grosser Wahrscheinlichkeit meinen Schlüssel bekommen. Ziemlich skeptisch fuhr sie mich mit ihrem Wagen hin und wartete draussen. Wie erstaunt war sie, als ich lachend mit meinem verlorenen Schlüssel zurückkehrte.»

Mit solch alltäglichen «Übungen» kann man «die Stimme» kennen lernen. Manchmal wird zutreffen, was man hört und manchmal wieder nicht. Das ist ganz natürlich. Es ist wie beim Lernen in der Schule und überhaupt im Leben. Es ist natürlich, dass man Fehler macht. Deshalb ist zwar Achtsamkeit und Bescheidenheit im Umgang mit Visionen, Bildern, Träumen und Stimmen angebracht, weil es nicht immer einfach ist, sie von eigener Phantasie zu unterscheiden. Zudem bleibt man immer selbst verantwortlich dafür, was man macht und wie man etwas unternimmt.

Gleichzeitig soll man sich aber auch nicht entmutigen lassen, sondern entspannt und unverkrampft üben. Es darf im Umgang mit dem Reich Gottes gelacht werden! Im Himmel herrscht viel Heiterkeit, Humor und Lachen. Es geht nicht immer um Leben und Tod, um Ernsthaftes und Andächtiges. Leichtigkeit und Unbeschwertheit haben ebenso Platz in der Kommunikation mit der unsichtbaren Welt. Denken wir nur daran, auf welch originelle Weise sich die unsichtbare Welt dem jungen Menschen gezeigt hat, dessen Erlebnis am Anfang dieses Kapitels beschrieben wurde: Er war baff, danach musste er lachen!

Ulrich Schaffer, ein deutsch-kanadischer Schriftsteller und Lyriker, hat für mich in treffender Weise beschrieben, welche Erfahrungen beim Horchen auf Gottes Stimme gemacht werden:

Stimme und Stimmen
Ich werde ganz still vor dir.
Ich höre in mich hinein,
denn ich weiss, dass du mit mir redest.

Doch dann kommt mit der Stille
auch die Angst.
Und mit deiner Stimme
kommt auch das Durcheinander.

Herr, ich höre Dinge in mir.
Ich höre Vorschläge und Überlegungen,
die nicht von dir sind.
Ich weiss es,
denn ich höre auch deine Stimme
die mir sagt,
dass das Andere nicht von dir kommt.

Aber Herr,
da hinein kommt meine Angst,
denn oft weiss ich nicht,
was nun wirklich von dir ist
und was ich abtun soll.

Herr, ich habe keine Angst
deinen Willen zu tun,
aber ich will nicht das tun,

worüber ich ein schlechtes Gewissen habe.
Und was mir darum zuerst in den Kopf kommt,
denn auch mein Gewissen
ist nicht immer von dir geprägt.

Mach mich fähig, zu unterscheiden.»[13)]

Die Erfahrung von Stimmengewirr hat auch Jesus gemacht. Auch er musste unterscheiden. Als er sich zur Meditation in die Einsamkeit der Wüste zurückzog, wird seine Wüstenerfahrung mit diesen Worten kommentiert: «Und er war vierzig Tage in der Wüste und wurde vom Satan versucht. Und er war bei den wilden Tieren, und die Engel dienten ihm.»[14)]

Mit dem Begriff «Satan» kann man all die Gedanken und Stimmen zusammenfassen, welche erniedrigen, entwürdigen, versklaven, entmutigen, hetzen, quälen, ängstigen, zu unüberlegten, zerstörerischen Handlungen gegen sich selbst und andere drängen oder gar zwingen aber auch zu Überheblichkeit, Hochmut, Arroganz, Grössenwahn und Realitätsverlust verleiten. Ein anderer Begriff in der Bibel für Satan ist Diabolos, was soviel bedeutet wie «Durcheinanderbringer, Verwirrer».
«Und die Engel dienten ihm.» Von ihnen kommt das, was uns gut tut in zurückhaltender, unaufdringlicher Art. Man könnte sie mit Bienen vergleichen, die durch Bestäubung dafür sorgen, dass Blumen aufblühen. Sie dienen, damit wir uns entfalten können und zum Blühen kommen. Wie der Honig in sich heilende Wirkstoffe enthält, möchten sie heilen, was zerbrochen ist und Menschen in die Ganzheit und den Frieden führen mit sich, mit Mitmenschen und mit Gott.

Ich schliesse diese Kapitel mit folgendem Gebet:

«Mitten im Lärm unserer Zeit, der unser Denken und Handeln bestimmt, fehlt uns der Sinn für die leisen Zwischenrufe. Öffne uns Herzen, Mund und Hände für deine Wahrheit, Gott!»[15)]

Auch im nächsten Kapitel erzähle ich ein Erlebnis, in welchem eine Stimme gehört wird, verbunden mit einer eindrücklichen Erscheinung.

Als im Spital Gottes Hand erschien – Kapitel 5

Diese Geschichte führt uns in ein Spital in unserer Gegend. Sie zeigt uns nicht nur, wie die unsichtbare Welt zu uns sprechen kann, sondern zugleich erfahren wir, wie durch einen Eingriff des Himmels ein in der Kinderzeit entstandenes Trauma geheilt wird.

In ihrer Kindheit wohnte in der Nachbarschaft ein Kind mit einem Wasserkopf. Niemand hatte ihr davon erzählt, niemand sie darauf vorbereitet und sie aufgeklärt. Als sie dem Nachbarskind auf dem Spielplatz erstmals begegnete, erschrak sie heftig. Es war ein Schock. Das Bild des Kindes brannte sich in ihre Seele ein. Immer wieder sah sie es vor sich und fürchtete sich. Von diesem Zeitpunkt an begleitete sie die Angst vor dem Nachbarskind. Jedes Mal, bevor sie nach draussen ging, versicherte sie sich, dass jenes Kind nicht in der Nähe weilte. Erblickte sie es von weitem, getraute sie sich nicht hinaus oder befand sie sich schon draussen, rannte sie wie ein durchgebranntes Pferd nach Hause.

Viele Jahre verstrichen. Sie selbst war bereits Mutter geworden. Ein weiteres Kind kündigte sich an. Es drängte förmlich auf die Welt, so dass es nicht mehr bis ins Spital reichte. Auf dem Vorplatz vor dem Regionalspital erblickte es das Licht der Welt. Es war etwas unterkühlt aber sonst schien es gesund. Allerdings dauerten die Untersuchungen beunruhigend lange. Das fiel der erfahrenen Mutter auf. Sie sprach sich Mut zu, indem sie sich sagte, dass der Grund vermutlich die Unterkühlung sei. Endlich trat der untersuchende Arzt ans Bett und überbrachte die Nachricht, es bestünde der Verdacht, dass das Kind ein Down-Syndrom habe.

Die wartende Mutter hörte nur noch etwas von «vermutlich behindert» und sofort stand übermächtig das Bild jenes Kindes aus der Kindheit vor ihren Augen, vor dem sie sich so sehr gefürchtet hatte. In diesen dramatischen Augenblicken zeigte es sich, wie tief der damalige Schock in ihr sass. Sie drehte sich zur Seite und sah immer nur jenes Kind mit dem riesigen Kopf vor sich. Sie wollte ihr Kind nicht sehen, konnte es nicht sehen, und der Gedanke setzte sich in ihr fest: «Jetzt habe ich ein solches Kind!»

In der Zwischenzeit kümmerte sich ihr Mann liebevoll um das Neugeborene. Er bat darum, alleine mit Frau und Kind sein zu können, was sogleich ermöglicht wurde. Man schob das Bett in ein freies Zimmer. Die Mutter blieb weggedreht, verzweifelt, verängstigt, schockiert. Ihr Mann fing an, den Knaben zu beschreiben. Er erzählte ihr von den kleinen Fingerchen, von den Füsschen und Zehen. Trotz all seiner Bemühungen konnte sie das Kind einfach nicht anschauen und annehmen.

Plötzlich «sah» sie, wie durch die Zimmerdecke eine riesige Hand an einem langen Arm erschien. In dieser mächtigen, offenen Hand befand sich eine Gruppe von Menschen. Ganz klein. So klein wie Krippenfiguren. Sie schaute sich die «Krippenfiguren» genauer an und entdeckte zu ihrer Verwunderung, dass diese Menschlein ihren Mann, ihre anderen Kinder, den eben geborenen Knaben und sie selbst darstellten. Sie befanden sich alle auf dieser grossen Hand und wurden von ihr getragen. Dann hörte sie die Worte:

«Ich habe dich und deinen Mann als Eltern auserwählt. Ich habe euch dieses Kind geschenkt, weil ich weiss, dass ihr ihm gute Eltern sein werdet.»

Die Stimme wiederholte dies mehrmals. Sie spürte körperlich ein Getragenwerden, indem sich ein Gefühl von Geborgenheit in ihr breit machte. Sie hörte der Stimme gebannt zu und dachte bei sich: «Ich, was soll das?» Sie hätte nie gedacht, dass Gott so etwas zu ihr sagen würde. Natürlich war ihr die Geschichte mit dem Engel Gabriel bekannt, der Maria erschienen war und ihr angekündigt hatte, dass sie auserwählt worden sei, um Jesus zur Welt zu bringen. Maria war für sie immer eine ganz besondere, aussergewöhnliche Frau gewesen. Dass Gott zu einer solch starken und tief religiösen Persönlichkeit gesprochen hatte, konnte sie gut nachvollziehen. Dass er sich aber auch in der heutigen Zeit auf ähnliche Weise kundtun würde, hatte sie nicht für möglich gehalten!

Und nun erlebte sie in dieser Vision das Reden Gottes ähnlich wie damals Maria. Dieses Bild und diese Worte berührten ihr seit Kindheit schwer verletztes Herz heilend. Nun wurde das alte Bild, das sie in sich getragen hatte, durch ein neues ersetzt. Sie sah nicht mehr jenes Kind, sondern sah ihre Familie, geborgen und getragen in dieser übergrossen Hand. Sie erlebte, wovon der Apostel Paulus einst in einem Brief schrieb. Er beschreibt dort, was geschehen kann, wenn sich eine Begegnung zwischen der unsichtbaren Welt und der unsrigen ereignet:
«Das Alte ist vergangen, siehe, Neues ist geworden. Alles aber kommt von Gott.»[16)]

Jetzt konnte sie sich umdrehen, in dem sie zu sich sagte: «Wenn der Herrgott uns auserwählt hat, kann ich dem Kind eine gute Mutter sein.»

Auf Grund dieser Stimme wusste sie aber auch, dass ihr Kind wirklich behindert sein würde, auch wenn die Ärzte nur einen vagen Verdacht geäussert hatten. So war es dann auch.

Dieses Erlebnisse veränderte, wie sie mir sagte, auch ihren Glauben: «Bisher war mein Glaube etwas sehr Abstraktes, Unerlebtes, Unwirkliches. Ich glaubte zwar, dass ein Herrgott existiert, rechnete aber nicht wirklich damit, dass er im täglichen Leben erfahrbar ist. Im Spital habe ich nun erlebt, dass Gott real ist und ich mit seinem Beistand rechnen kann.»

Mit diesen Worten hat die Frau im Grunde die Kernbotschaft der Bibel zusammengefasst, welche in einem andern Namen, mit dem man Jesus genannt hat, zum Ausdruck kommt. Man nannte ihn auch «Immanuel», was so viel bedeutet wie: «Gott ist mit uns.»[17)]

Ähnlich wie bei der Taufe von Jesus kommunizierte die himmlische Welt mit dieser Frau durch ein ausdrucksstarkes Bild, welches durch ein ermutigendes, liebevolles und das Selbstvertrauen stärkende Wort erläutert wird.

Wie dieses «Gott-ist-mit-uns» wieder auf ganz andere Weise erlebt werden kann, zeigen die Erlebnisse im nächsten Kapitel.

Die «Einsatzkräfte» Gottes und ein geplanter Überfall – Kapitel 6

Dieses «Gott-ist-mit-uns-Erlebnis» führt uns in die Region Basel und liegt bereits einige Jahrzehnte zurück.

Ein Müllereibetrieb beschäftigte damals zwei Personen. Diese waren Montag für Montag noch derart vom Wochenende alkoholisiert, dass sie unfähig waren, ihre Arbeit exakt und gewissenhaft auszuführen. Trotz Gesprächen und Ermahnungen änderte sich die Situation nicht. Der Müllereibesitzer sah keine andere Möglichkeit, als ihnen zu kündigen. Die beiden waren über die Kündigung so empört und erbost, dass sie fluchend und tobend das Büro verliessen und in die Produktionshalle hinaus schrien: «Dem werden wir es noch zeigen!» Als er seiner Frau das Vorgefallene erzählte, erschrak sie sehr. «Sie faltete die Hände und bat Gott um Schutz für ihren Ehemann», wie mir erzählt wurde.

Einige Tag später befand sich der Müllermeister spät abends zu Fuss auf dem Heimweg von einer Versammlung. Die zwei Männer wussten, dass er jeweils an diesen Zusammenkünften teilnahm. Sie hatten sich geschworen, ihn zu verprügeln und lauerten ihm deshalb auf. Es war eine dunkle Nacht, der Himmel wolkenbedeckt. Schon hörten sie seine Schritte und waren bereit. Da riss unerwartet die Wolkendecke auf und der Mond beleuchtete die Strasse. Zu ihrem Erstaunen sahen sie, dass ihr ehemaliger Chef nicht alleine war. Zwei grosse, kräftige Männer schritten energisch an seiner Seite, einer links, der andere rechts. Ein Angriff wäre aussichtslos gewesen, deshalb unterliessen sie es.

Am folgenden Wochenende traf ein anderer Mitarbeiter, der die wüsten Drohungen nach der Kündigung gehört hatte, die beiden im Wirtshaus. Als er ihnen sagte, wie froh er sei, dass sie ihre Drohungen nicht wahr gemacht hätten, erzählten sie ihm den genauen Hergang. Durch diesen wiederum erfuhr der Betriebsinhaber die unglaubliche Geschichte. Was er da hörte, überraschte ihn sehr. Er konnte sich die Sache nicht erklären, denn von den erwähnten «Begleitern» hatte er nichts wahrgenommen. Er war auf dem ganzen Heimweg allein unterwegs gewesen. Seine Frau aber dankte Gott für die Schutzengel, die ihren Mann in dieser gefährlichen Situation bewahrt hatten.

Wieder auf andere Art hat das «Gott-ist-mit-uns» eine Schweizer Touristin in Argentinien erlebt.

Sie befand sich in Salta, einer Stadt im Nordwesten Argentiniens. Weil ihr Hotel lediglich eine Viertelstunde vom Busbahnhof entfernt lag, entschloss sie sich, zu Fuss dorthin zu gehen. Es war ein regnerischer Sonntagmorgen, die Strassen waren menschenleer. Weder Fahrzeuge noch Fussgänger waren unterwegs. Kurz vor ihrem Ziel kam ihr ein junger Mann entgegen. Sein weisses T-Shirt war blutbefleckt. In dem Moment als sie sich auf gleicher Höhe befanden, packte er unerwartet zu und versuchte, ihr die Tasche mit den Reisepapieren, mit Pass und Geld und allem Notwendigen zu entreissen.

Sie wehrte sich heftig, rutschte aber auf dem nassen Boden aus und fiel auf den Bauch, die Tasche unter sich bergend. Der Angreifer liess nicht von ihr ab, sondern schlug brutal auf sie ein. In diesem Moment tauchte ein Fahrzeug auf und hielt neben ihnen. Sie hörte, wie die Türe aufging und jemand ausstieg. Dann sah sie aus ihrer liegenden Perspektive ein Paar grosse Schuhe. Jetzt liess der Räuber von ihr ab und flüchtete. Sie rappelte sich auf und stand vor einem grossen, älteren Mann mit schneeweissem Haar. Noch völlig verdattert und zitternd bedankte sie sich, suchte nach ihrer Geldbörse und wollte ihrem Retter etwas geben, doch dieser stieg ein und fuhr ohne Worte davon.

Auch ein junges Paar, welches mit seinem Camper Indien bereiste, geriet in eine sehr gefährliche Situation. Sie durchfuhren ein abgelegenes Dorf. Weil die Strasse mit Motorradfahrern vollgestopft war, wie wir das aus Fernsehbildern kennen, und es leicht zu einem Zusammenstoss hätte kommen können, hielten sie ihr Fahrzeug an. Da kam ein Moped auf sie zugefahren. Eine ganze Familie sass auf dem Gefährt: Mann, Frau und Kinder. Obwohl ihr Camper stillstand, fuhr der Mann derart nahe an ihnen vorbei, dass er das Fahrzeug touchierte und stürzte. In wenigen Minuten war das Fahrzeug von einer empörten, riesigen Menschenmenge umzingelt. Sie wagten nicht auszusteigen. Mit Fäusten wurde auf das Auto eingeschlagen und mit Tritten dagegen getreten. Andere rissen an den Türen. Es wurde wild durcheinander geschrien. Böse und drohende Blicke trafen die Reisenden. Die Menschen waren derart aufgebracht, dass sich im Wageninneren Angst und Schrecken ausbreiteten. «Gott, jetzt musst du uns helfen», betete das Paar. Plötzlich tauchte in der wütenden und tobenden Menschenmenge ein gut aussehender, junger Mann auf. Er passte so gar nicht in das Bild. Er war um die 30 Jahre alt, schön, sehr gepflegt und sauber gekleidet. Es gelang ihm, die Menschen zu beruhigen. Dann klopfte er an die Fensterscheibe und bat in gut verständlichem Englisch, sie mögen aussteigen. Er versicherte, dass ihnen nichts geschehen würde. Niemand aus der Familie hatte sich beim Sturz verletzt. Bald deuteten die Menschen dem jungen Paar an, es könne weiterfahren, es sei alles in Ordnung. Sie wollten dem jungen Mann danken, doch er war wie vom Erdboden verschwunden. Lange fuhren sie, ohne ein Wort zu sprechen, weiter. Das Geschehene lief wieder und wieder wie ein Film vor ihren inneren Augen ab. Sie waren sprachlos und konnten es noch nicht glauben, dass sie aus dieser gefährlichen Situation heil davon gekommen waren. Von anderen Reisenden hatten sie vernommen, dass Touristen auch schon von einer solch aufgepeitschten Menschenmenge umgebracht worden waren.

Fast gleichzeitig brachen sie das Schweigen und meinten zueinander: «Das ist ein Engel gewesen.» Als ich nachfragte, warum sie auf diesen Gedanken gekommen seien, meinte die junge Frau: «Die Liebe und die Sicherheit, die er ausgestrahlt hat, waren so einmalig. Auffallend war auch die beruhigende Wirkung, die sein Erscheinen auf die Menschen hatte. Aber auch, dass er so plötzlich inmitten der Menschen auftauchte und ebenso plötzlich verschwand, erschien uns seltsam.»

Waren es Engel oder Menschen, die Gott zur rechten Zeit an den rechten Ort schickte? Die er als seine «Einsatzkräfte» einsetzen konnte, um Verbrechen zu verhindern? Diese Frage wird oft unbeantwortet bleiben, wie auch die Geschichten auf den nächsten Seiten zeigen.

Der junge Mann und die entgegengestreckte Hand – Kapitel 7

«Ich war damals etwa 60 Jahre alt», erzählte mir eine heute über 80-jährige Frau. «Wir genossen bei schönstem Wetter einige Tage Erholung am Atlantik. Einmal war es etwas windig und nicht so strahlend. Zu dritt wagten wir es trotzdem, uns ins erfrischende Nass des Meeres zu stürzen. Zwar bemerkte ich, dass statt der grünen eine gelbe Flagge gehisst war, mass dem aber weiter keine Bedeutung zu. Über die Brandungswelle hinaus zu hüpfen war auch kein Problem und draussen war das Meer fast ruhig und das Schwimmen angenehm wie immer. Als ich an die Rückkehr dachte, waren die anderen beiden schon längst an Land und ich spürte plötzlich die Tücken der Brandungswelle: sie warf mich um, ich rappelte mich auf. Ehe ich ganz stand, packte mich die nächste. Ich fiel um, schluckte Wasser, kam ausser Atem, fiel wieder hin, und so ging das immer weiter. Plötzlich streckte mir ein junger Mann seine Hand entgegen, hielt mich fest und zog mich an Land. Er fragte noch: ‹Ça va, Madame?›, und noch während meines ‹Merci beaucoup, Monsieur!›, war er verschwunden. – Ob einfach zwischen den Leuten oder ganz, kann ich bis heute nicht sagen, aber, dass es ein Engel war, weiss ich gewiss!»

Einem Engel begegnet zu sein, davon war auch eine Mutter mit ihren Kindern überzeugt, die mir die folgende Geschichte zusandte:

«Vor etwa 25 Jahren hatte ich ein Erlebnis, das meine Kinder und ich wohl nie vergessen werden. Es war ein kalter Winter. Ich hatte mein Auto auf einem Parkplatz abgestellt, der völlig vereist war. Als ich mit meinen drei Kindern in das Auto stieg und abfahren wollte, drehten die Räder durch, und es war kein Fortkommen mehr möglich. Es war schon spät, und wir mussten unbedingt nach Hause! Ich war völlig verzweifelt und sagte zu den Kindern: «Jetzt müssen wir beten, dass Gott uns hilft, denn ich weiss nicht, wie ich hier wegkommen soll!» Ich betete, dass uns Gott doch bitte helfen möge. Kaum hatte ich das Gebet beendet, klopfte es an die Fahrertüre und ein Mann fragte: «Brauchen Sie Hilfe? Soll ich Sie aus der Parklücke stossen?» Gerne nahm ich sein Angebot an. Es war ganz still im Auto. Als wir wegfuhren, sagte meine Tochter ganz klar und überzeugt: «Jetzt haben wir einen Engel gesehen!»

Dies dachten auch eine Mutter und ihre erwachsene Tochter. Es geschah an einem heissen Sommertag in Rapperswil am Zürichsee. Sie hatten eben ihr Fahrzeug bestiegen und wollten losfahren, als ein einfach gekleideter Mann an die Scheibe klopfte. Die Fahrerin öffnete und der Mann sagte: «Warten Sie noch einen Augenblick, es braut sich etwas zusammen.» Sie waren beide erstaunt, folgten aber dem Rat des Fremden. Ungefähr zehn Minuten verstrichen, dann sagte der Mann: «Jetzt können Sie fahren.» Beide dachten: «Das muss ein Engel gewesen sein!» Auf der Strecke, die sie befahren mussten, war in der Zwischenzeit ein kräftiges Gewitter niedergegangen, hatte Bäume geknickt und Äste auf die Fahrbahn geworfen. Dank dem Ratschlag des Fremden kamen sie unbeschadet nach Hause.

«Das muss ein Engel gewesen sein!», sagten sich auch zwei andere Frauen. Eine davon war Rollstuhlfahrerin. Die beiden verbrachten ein Wochenende in den Bergen des Kantons Graubünden. An einem Sonntagmorgen wollten sie einen Spaziergang zu einem Bergsee unternehmen. In der Erinnerung schien ihnen dieser Weg rollstuhlgängig. Frohgemut machten sie sich auf den Weg. Doch schon bald merkten sie, dass der Weg merklich steiniger und steiler war, als sie ihn in Erinnerung hatten. Es wurde immer schwieriger und anstrengender, den Rollstuhl bergauf zu stossen. Dann verfingen sich die Räder in den Steinen, und es ging gar nichts mehr. Der Rollstuhl liess sich weder vorwärts noch rückwärts bewegen. Kein Rütteln noch Zerren nützte etwas. Die beiden Frauen schauten sich ratlos nach Hilfe um. Doch vergebens. Da standen sie nun alleine und wussten nicht mehr weiter. Völlig überraschend stand ein kräftiger Mann vor ihnen. Es war ihnen rätselhaft, woher er so plötzlich kam. Er erkundigte sich freundlich, ob er ihnen helfen könne und wohin sie wollten. Sie erzählten ihm, was geschehen war und erklärten ihr Reiseziel. Ohne zu zögern, zog er den festgefahrenen Rollstuhl aus den Steinen und sagte bestimmt: «Ich komme mit!» Während der zweistündigen Wanderung begleitete er sie und schob den Rollstuhl. Es herrschte eine total entspannte Atmosphäre, so als würden alte Bekannte miteinander einen Spaziergang unternehmen. Auch der Hund genoss die Anwesenheit des Unbekannten, sprang er doch vergnügt an seiner Seite nebenher. Als sie die Ebene und damit die Nähe des abgestellten Fahrzeugs erreichten, verabschiedete sich der Mann, ging durch das Feld davon, winkte und verschwand. Der Hund winselte ihm nach, und die Frauen sagten zu sich: «Das war ein Engel.»

Natürlich hatten sie während des langen Spaziergangs dem unerwarteten Helfer gegenüber immer wieder geäussert, dass sie es jetzt wieder allein schaffen könnten, wie man es ja zu tun pflegt, wenn man Hilfe bekommt und es einem nicht so recht ist. Doch die Antwort war immer dieselbe gewesen: «Ich habe heute Morgen Zeit!»[18)]

Bei solchen und ähnlichen Geschichten denkt man in unserer aufgeklärten Zeit vermutlich eher, dass es sich um hilfsbereite Menschen gehandelt haben mag. Aufgrund der Lektüre der Bibel, bin ich mir da jedoch nicht so sicher. Auch aus der Zeit nach Jesu Tod wird von einem Spaziergang zweier Männer berichtet. Wie aus dem Nichts gesellt sich ein Dritter zu ihnen, der sie bis ins nächste Dorf begleitet. Als dieser beim Abendbrot den Segen spricht, erkennen sie Jesus. «Aber im selben Augenblick verschwand er vor ihnen.»[19)] Jesus begleitete die beiden Wanderer nach seiner Auferstehung in menschlicher Gestalt. Auch Abraham hatte eine Begegnung mit drei Boten Gottes, die ihm in vollkommen irdisch-körperlicher Gestalt erschienen und ein Mittagsmahl mit ihm einnahmen.[20)] Gleiches lesen wir vom Erzengel Raphael, welcher dem jungen Tobias auf seiner Reise als Weggefährte zur Seite stand. An entsprechender Stelle ist zu lesen: «Die Gebete der beiden drangen bis zum Thron Gottes und Gott erhörte sie sogleich. Er sandte seinen Raphael, um die beiden aus ihrer Not zu retten.»[21)] Einige Zeilen später wird berichtet: «Tobias ging hinaus und suchte jemanden, der den Weg nach Medien kannte und bereit war, ihn dorthin zu begleiten. Dabei traf er auf Raphael, wusste aber nicht, dass er einem Engel Gottes begegnet war.»[22)]

Nun, ob Mensch oder Engel, darüber lässt sich spekulieren. Vielleicht sollten wir uns deshalb eher der Frage zuwenden, ob jemand heute unseren Beistand braucht. Wo werden wir benötigt? Wo könnten wir ganz praktisch Hand anlegen? Wo ist ein Mensch auf einer schwierigen Wegstrecke unterwegs und bräuchte dringend einen Weggefährten, der mitgeht? Wo täte jemandem unsere Wertschätzung, unsere Ermutigung gut?

In einem Gedicht von Rudolf Otto Wiemer heisst es so treffend

Es müssen nicht Männer mit Flügeln sein
die Engel.
Sie gehen leise, sie müssen nicht schrein
oft sind sie alt und hässlich und klein
die Engel.

Sie haben kein Schwert, kein weisses Gewand
die Engel.
Vielleicht ist einer, der gibt dir die Hand,
oder er wohnt neben dir, Wand an Wand,
der Engel.

Dem Hungernden hat er das Brot gebracht,
der Engel.
Dem Kranken hat er das Bett gemacht,
und er hört, wenn du ihn rufst, in der Nacht,
der Engel.

Er steht im Weg und er sagt: Nein,
der Engel,
gross wie ein Pfahl und hart wie ein Stein –
es müssen nicht Männer mit Flügeln sein,
die Engel.[23)]

Gebet:
«Herr, es sind so viele um mich her, und doch bin ich allein. Mache mich frei von meiner Einsamkeit und gib mir einen Menschen. Lass mich andere wichtig nehmen, dass ich nicht

um mich selbst kreise. Lass mich nicht an dem vorbeigehen, der auf mich wartet. Denn durch mich willst du ihm helfen.»[24]

Manchmal ignorieren wir Gedanken, die uns einen Menschen in Erinnerung rufen, aus Angst, wir könnten uns lächerlich machen. Aber kann dies jemals geschehen, wenn man jemandem helfen oder eine Freude machen will?

Ein Mann fühlte sich gedrängt zu handeln. Und weil er diesem Drängen nachgab, geschah Folgendes:

«In unserer Gegend stellen wir jedes Jahr in einer Höhle während der Adventszeit eine Weihnachtskrippe auf. Tag und Nacht brennen dort die Kerzen. An diesem Tag sah ich auf dem Nachhauseweg, dass keine Kerzen mehr brannten. Ich nahm mir vor, später hinzugehen und wieder einige anzuzünden. Während des Nachtessens wurde ich plötzlich sehr unruhig, weil ich spürte, dass ich schnellstens zur Krippe fahren müsse. Bei meiner Ankunft stand ein Wagen davor. Eine Fensterscheibe wurde geöffnet und eine Frauenstimme sagte: ‹Ich wusste, dass sie kommen würden!› Auf dem Beifahrersitz sass in der beissenden Kälte der Winternacht eine über 90-jährige Frau, die jedes Jahr die Krippe besucht hatte. Jetzt hatte sie sich extra hinfahren lassen, um auch in diesem Jahr nochmals die Krippe mit den leuchtenden Kerzen zu sehen. Doch da war alles dunkel. Eilig zündete ich Kerzen an und stellte eine zusätzliche für diese Frau auf. Ich fragte mich: Woher nahm die Autofahrerin den Glauben und die Überzeugung, dass ich kommen würde? Als ich dies zuhause erzählte, meinte meine Frau: ‹Ein Engel hat dich zur rechten Zeit zur Weihnachts-Krippe geschickt!›»

Ich finde dieses Erlebnis erwähnenswert, weil es zeigt, dass es nicht immer um dramatische Ereignisse geht, wenn Engel ins Spiel kommen. Die Engel kennen uns. Sie wissen, was uns gut tut und was uns glücklich macht. Manchmal sind es Kleinigkeiten, die sie arrangieren, um uns eine Freude zu machen. Es macht sie glücklich, wenn sie uns glücklich sehen!

Vielleicht aber war die Fahrt der 90-jährigen Frau zur Krippe ihre letzte Weihnacht, ihre letzte Fahrt zur Krippe, und die Engel wollten ihr diese Freude nochmals ermöglichen.

Um eine letzte Fahrt geht es auch auf den nächsten Seiten.

Eine seltsame Zugreise – Kapitel 8

Diese Geschichte wurde mir aus einem Kreis von Frauen zugesandt, die sich seit vielen Jahren regelmässig zum Studium von Büchern und zum Austausch treffen. Eine Teilnehmerin schrieb mir: «Ihr Büchlein ‹Wie Engel begleiten› hat uns während längerer Zeit beschäftigt. Beim Lesen kamen uns viele Erfahrungen wieder in den Sinn. Jede von uns staunte immer wieder – auch über Vergessenes. Tief beeindruckt hat mich ein Erlebnis, welches jemand aus unserem Hauskreis als junge Frau erlebt hat.»

Dies ist die Geschichte jener jungen Frau:

Es war wieder Freitag. Der Freitag war immer ihr Putztag. Aus einer ihr rätselhaften Stimmung heraus und aus unerklärlichen Gründen, liess die junge Frau plötzlich alles liegen. Sie nahm Mantel und Tasche, eilte zum Bahnhof und fuhr mit dem Zug von Horgen nach Zürich zum Einkaufen. Im Bahnhof Zürich Enge stieg sie aus. Aber was wollte sie denn eigentlich hier? Sie realisierte, dass es ja gar nichts zu kaufen gab. Verwundert über sich selbst, blieb sie auf dem Bahnhof und bestieg den nächstmöglichen Zug, um wieder zurückzukehren. In der Regel stieg sie immer in den hintersten Wagen ein, der in Horgen nahe der Treppe zum Stehen kam. An diesem seltsamen Tag aber stieg sie, zu ihrer eigenen Überraschung, wie von einer unsichtbaren Hand geleitet, vorne ein. Sie setzte sich zu einer Frau ins Abteil. Diese wollte zu ihrem Bruder ins Glarnerland.

Während der Fahrt wurde die Zugnachbarin plötzlich unruhig und fragte, ob es bei der nächsten Station, wo der Zug hielte, ein Spital gäbe. Unsere Zugreisende, die normalerweise zu dieser Zeit am Putzen der Wohnung war, erklärte, dass dies Horgen sei, wo sie auch aussteigen müsse. Nun erfuhr sie, dass die Mitreisende akute Herzprobleme hatte. Es ging ihr von Minute zu Minute schlechter. Endlich waren sie am Ziel, stiegen aus und riefen ein Taxi. Doch der Fahrer wollte sie nicht mitnehmen, er hatte Angst, der Frau würde es übel und sie müsste im Taxi erbrechen. Zum Glück kam in diesem Moment ein Bekannter der jungen Frau und fuhr die beiden sogleich ins Spital. Dort angekommen, wurde schnell sichtbar, dass die Person sich bereits in einem kritischen Zustand befand. Ihr Bruder im Glarnerland konnte benachrichtigt werden.

Später am Tag verstarb die Frau. Dies nicht irgendwo alleine auf der Fahrt ins Glarnerland oder auf einem Bahnsteig, sondern umgeben von hilfsbereiten Personen: begleitet von jener Frau, die eigentlich putzen wollte; von jenem Bekannten, der zufälligerweise am Bahnhof vorbeifuhr und sein Auto zur Verfügung stellte und umsorgt vom Pflegepersonal des Spitals.

Der Bericht endet mit den Worten: «Mittlerweile sind alle älter geworden und die oben erwähnte junge Frau ist gestorben. So hoffen wir alten Frauen, dass wir auf unserem letzten Weg nicht allein sein werden, sondern dass eine führende, vergebende Hand uns begleiten wird.»

Was sich dieser Kreis von älteren Frauen gewünscht hat, erlebte eine junge Konsularangestellte. Sie erfuhr an sich selbst die «vergebende Hand Gottes». Davon soll in den nächsten Zeilen die Rede sein.

Sie fühlte sich so schlecht. Nie hätte sie gedacht, dass sie zu so etwas fähig wäre. Doch jetzt wurde es ihr so deutlich vor Augen geführt. Sie war über ihr eigenes Verhalten enttäuscht. Sie schämte sich zutiefst über das Geschehene, fühlte sich schuldig und konnte sich selbst nicht verzeihen. Sie erzählte: «Da lag ich auf meinem Bett, allein in der Dämmerstunde und war so traurig über meine Schlechtigkeit. Ich flehte zu Gott, dass er sich über mich erbarmen möge. Und Gott tat meine Augen auf: Ganz nahe über mir schwebte ein Engel und lächelte mir tröstend zu! ‹Danke›, konnte ich nur flüstern, ‹danke, lieber Gott›. Dann bin ich aufgestanden, zu unserem Pfarrer gegangen, habe ihm meine Schuld bekannt, und er hat sehr liebevoll mit mir gebetet.»

Sie hat das Erbarmen Gottes erfahren, wie es ein Prophet mit Namen Micha vertrauensvoll ausgesprochen hat: «Du wirst mit uns Erbarmen haben und alle unsere Schuld wegschaffen; du wirst sie in das Meer werfen, dort, wo es am tiefsten ist.»[25)] In jener Zeit, als dieser Micha gelebt hat, konnte man die Tiefen des Meeres noch nicht erforschen so wie heute. Deshalb sagte dieses Bild jenen Menschen: Die Schuld ist für immer verschwunden und kann nie mehr hervorgeholt werden. Sie ist «entsorgt».

Was mir an dieser Geschichte besonders auffällt, ist das «Lächeln» des Engels. Weder mit ernster Miene noch mit erhobenem Zeigefinger oder mit einem moralisierenden Blick erscheint er, sondern mit einem liebevollen Lächeln! Wunderbar!

Das Erlebnis mit dem lächelnden Engel macht uns auf ein bisher noch nicht erwähntes Wirken der unsichtbaren Welt aufmerksam. Manchmal führen uns die Himmlischen in Situationen oder lassen etwas zu, wodurch wir uns selbst besser kennen lernen. Meist erkennen wir unsere Schattenseiten nicht, aber umso deutlicher jene unserer Mitmenschen. Darauf weist der Ausspruch von Jesus hin: «Was siehst du den Splitter im Auge deines Mitmenschen, den Balken in deinem Auge aber nimmst du nicht wahr?»[26)]

Ab und zu gibt die himmlische Welt einen Einblick in das eigene Dunkel.
Dies geschieht nicht, um zu demütigen, zu erniedrigen oder um aufzuzeigen, welch armselige Sünder und Kreaturen wir im Grunde sind. Es dient zum spirituellen Fortschritt, zur Charakterbildung und zur Befreiung. Diese Befreiung aber führt zu mehr Lachen.

Das «Lächeln des Engels» hat seinen Ursprung in der Liebe Gottes. Wer sich in der Liebe Gottes gespiegelt sieht, wie in der Geschichte oben beschrieben, wer sich auch im Versagen von Gott angenommen und über alles geliebt erfährt, wird lachen vor Freude. Lachen und weinen. Doch die Tränen sind Freudentränen. Vor einer riesigen Menschenmenge tat Jesus diesen legendären Ausspruch: «Selig, die ihr jetzt weint. Ihr werdet lachen.»[27)] Es gibt bitteres Weinen und herzzerreissendes Schluchzen über eigenes Fehlverhalten. Man muss daran aber nicht verzweifeln. Man muss sich deswegen nicht foltern und quälen oder gar daran zerbrechen. Wer sich Gott zuwendet und ihn um Verzeihung bittet, von dem wird er sich nicht abwenden. Das ist die Botschaft von Jesus, dafür ist er gestorben und dafür steht das Zeichen des Kreuzes. Es ist, als ob wir im Haus aufräumen und den Abfall entsorgen. Was bekannt wurde, wird endgültig entsorgt. Vor Gott bekennen ist wie aufräumen. Und dann gilt das Wort des Propheten Micha: Was entsorgt ist, ist entsorgt. Es wird nie mehr hervorgeholt. Es gibt bei Gott kein Nachtragen. Dafür steht das Bild der Meerestiefe. Wer das erfährt, wird lachen, tanzen, singen. Es stimmt: «Selig, die ihr jetzt weint, ihr werdet lachen.»

Ein Zeichen dafür, dass die Barmherzigkeit Gottes erfahren wurde, ist ein barmherziger Umgang mit sich selbst. Dies wiederum äussert sich dadurch, dass man über sich selbst lachen kann. Wie entspannt einen das! Wie befreiend wirkt das! Auch der Umgang mit andern Menschen kann sich durch solche Erfahrungen ändern: Wer den Balken im eigenen Auge gesehen hat, wird vermutlich mit dem Splitter im Auge des Mitmenschen anders verfahren als bisher. So kann sich durch das Wirken der himmlischen Boten unser Charakter verändern, wenngleich man zeitlebens Mensch bleibt. Zum Menschsein aber gehört ebenfalls zeitlebens, dass man wieder versagt, Fehler macht, sich irrt. Gleichzeitig aber gehört zum Menschsein auch das Lächeln. Dies las ich einst: «Weinen, wehklagen kann jedes Tier. Lächeln kann nur der Mensch!»[28] Und Lächeln können auch die Engel, würde ich anfügen. Weiter steht in jenem Kapitel: «Das Lächeln ist Bild der Erlösung, Symbol.»[29] Wie gut passt doch diese Aussage zum Erlebnis der jungen Konsularangestellten. Sie erlebte Erlösung!

Und sie wurde von Gott gebraucht, um anderen Menschen zu dienen, denn viele Jahre nach dem geschilderten Ereignis lag eine Arbeitskollegin ihres Mannes im Sterben. Schon seit vielen Jahren rang diese mit dem Krebs. Trotz vieler Operationen, ging es leider dem Ende zu. Ihr Mann war über diese Nachricht erschüttert und wollte die Kranke besuchen. Die Konsularangestellte erzählte:

«Ich hatte bisher kein persönliches Verhältnis zu dieser Person, konnte mich kaum an sie erinnern, doch plötzlich sagte etwas in mir: ‹Geh mit!› Und so bat ich meinen Mann darum, mitkommen zu dürfen. Es war ein Sonntagvormittag. Die Kranke lag allein und freute sich sehr über unseren Besuch. Und obwohl wir uns nicht kannten, entstand sogleich eine vertrauensvolle, herzliche Beziehung. Wir sassen an ihrem Bett und erzählten einander, als wären wir uns nie fremd gewesen. Sie erzählte von ihrem geliebten Meer. Und da meine grosse Liebe von jeher der Ostsee gegolten hat, wo ich als Kind so viele schöne Stunden erlebt habe, erzählten wir einander von unseren Stranderlebnissen: Vom wundersamen Rauschen der Wellen, vom Heranbrausen der schaumglitzernden, silberweissen Wogen, von den vielen kleinen Muscheln, welche die Flut auf den sonnenwarmen Sand spült und vom weichen Meeressand! Die Augen der Kranken leuchteten. Es war eine glückliche Stunde, in der wir einander ganz nahe kamen.
Mein Herz war so erfüllt von dieser lieben, kranken Person, dass ich Tag und Nacht in tiefer Liebe und Fürbitte an sie denken musste. Etwas in meinem Herzen rief ihr Trost und Mitgefühl zu, wollte ihr helfen und ganz bei ihr sein.

Wochen waren verstrichen, als mein Mann eines Tages ganz erschüttert nach Hause kam und zu mir sagte: ‹Jetzt liegt sie im Sterben. Es heisst, dass man sie nicht mehr besuchen dürfe – aber wollen wir es nicht trotzdem versuchen, noch einmal zu ihr zu gehen?› Ich war sofort einverstanden, und wir waren schon an der Haustür, als mich plötzlich etwas zurückrief. ‹Bitte, warte einen Moment!›, bat ich meinen Mann. Dann hastete ich an meine Nähmaschine, suchte ein kleines Stückchen chinesischer Seide hervor und nähte ganz rasch ein winziges Täschchen, das ich mit etwas Meeressand von der Ostsee und mit ein paar zarten, gerillten Muscheln füllte. Das nahm ich mit, als wir gingen. Warum? Ich musste so handeln, darum tat ich es.

Als wir im Spital ankamen, empfing uns händeringend eine Freundin der Sterbenden und sagte: ‹Sie können nicht mehr zu ihr, bitte gehen Sie! – Sie hat schon gestern ihren eigenen Bruder nicht mehr sehen wollen. Sie will niemanden mehr sehen! O Gott, sie stirbt gleich.› Während sich mein Mann etwas unschlüssig und sehr deprimiert schon zum Gehen wenden wollte, flüsterte eine leise Stimme in meinem Herzen: ‹Bleib hier und warte!› So setzte ich mich schweigend auf eine Bank im Gang und war in Gedanken so tief innerlich bei der lieben Kranken. Ich hörte gar nicht, was mein Mann und die Freundin der Sterbenden, die zugleich ihre Krankenschwester war, noch miteinander besprachen.

Da läutete plötzlich eine leise Glocke aus dem Sterbezimmer der Kranken. Die Freundin sprang auf und rief, sie müsse zu ihr. Sie war erstaunt darüber, dass die bereits so geschwächte Kranke noch läuten konnte. Dann kam sie zurück, fast geisterbleich, und flüsterte: ‹Sie hat mir gesagt, sie wisse, dass die Frau, mit der sie über das Meer gesprochen habe, hier sei, sie wolle sie allein noch sehen.› Sie starrte mich an, als sei ich ein

Gespenst. Dann zeigte sie mir die Tür, und ich ging und öffnete sie leise.

Hat Gottes Hand meine Augen berührt und sehend gemacht? Hat er selbst mich hierher geleitet? Ja, sicher. Das ganze Sterbezimmer war erfüllt von Engeln in lichten Gewändern. Sie traten ein wenig zur Seite, machten mir den Weg frei zum Bett der Sterbenden. Es war wie ein Heiligtum, in dem die Sterbende, umgeben von vielen Engeln, auf die Stunde Gottes wartete. Dann berührte ich sanft ihre Hand, schob ihr das kleine Sandsäckchen in die erkaltenden Finger und flüsterte: ‹So viele Engel sind um Sie her und freuen sich darauf, Ihre Seele zu Gott tragen zu dürfen... und hier ist noch ein kleiner Erdengruss vom Meer, das Sie so geliebt haben! Gott behüte Sie.› Ich küsste die liebe Sterbende auf die Stirn. Sie lächelte so wundersam – aber sie sprach nicht mehr. Daraufhin ging ich leise hinaus.»

Die junge Konsularangestellte hatte im Lauf ihres Lebens noch einige übersinnliche Erlebnisse, so dass sie einmal gefragt wurde, was denn ihr Mann dazu sage. Sie antwortete: «Ach, er sagte einmal zu mir: ‹Wenn du vor hundert Jahren gelebt hättest, hätte man dich sicher als Hexe auf dem Scheiterhaufen verbrannt. Du bist manchmal etwas unheimlich!› – Unheimlich? Es ist eher ein Geschenk Gottes, wenn man zuweilen sehen und hören darf, was Gott selbst einem sagen will.»

«Ein Geschenk Gottes!» Das finde ich einen wichtigen Hinweis. Wer übersinnliche Fähigkeiten und Erfahrungen in dieser Weise benennt, bleibt demütig und bescheiden. Gross ist die Gefahr, sich über andere zu erheben, sich aufzublähen, eingebildet und stolz zu werden. Gott möge alle, denen solche Talente geschenkt werden, davor bewahren.

Fragen wir uns nun aber noch konkret: Wie konnte die Kranke wissen, dass ihre Gesprächspartnerin, mit der sie die gemeinsame Liebe zum Meer verband, draussen vor der Tür sass? Wurden ihre Augen aufgetan, so dass sie es sehen konnte? Gut möglich, denn dieses «Mehr sehen» ist auch in der Bibel bekannt. Jesus sah zum Beispiel einen jungen Mann unter einem Feigenbaum sitzen. Der Bericht lässt vermuten, dass Jesus selbst nicht an diesem Baum vorbeigekommen ist.[30)] Oder bekam die Sterbenskranke dieses Wissen von den Engeln, die sich im Zimmer aufhielten? Auch das ist gut möglich, denn Engel sehen mehr als wir sehen. Ihnen ist es möglich, Begebenheiten zu arrangieren, worüber nur gestaunt werden kann. Im Kapitel der seltsamen Zugreise zum Beispiel, ist eine ältere Frau im Zug unterwegs, noch nicht ahnend, dass es ihre letzte Reise sein würde. Während sie sich bereits auf der Reise befindet, wird eine Person an einem andern Ort auf rätselhafte Weise so geleitet, dass sich die beiden treffen.

Ich erinnere mich an eine Zusage, die Gott Moses gegenüber ausgesprochen hat: «Ich werde einen Engel vor dir hersenden, der dich auf dem Weg durchs Leben begleitet.»[31)] Was an diesem Zuspruch besonders auffällt, ist dies: Der Engel zieht voraus und scheint gleichzeitig bei Moses zu sein. Ich lege das so aus: Die Boten Gottes kennen Situationen, die auf uns zukommen, kennen Wege, welche wir gehen möchten und sind gleichzeitig an unserer Seite. Es scheint hier eine für uns unvorstellbare Gleichzeitigkeit vorzuliegen, die sich auch in jenen biblischen Worten ausdrückt: «Für Gott sind 1000 Jahre wie ein Tag und ein Tag wie 1000 Jahre».[32)]

Die Gewissheit, dass Engeln die Orte, Wegstrecken und Situationen schon bekannt sind, wenn man dorthin gelangt, kann gelassen machen. Zur rechten Zeit dirigierten sie beispielsweise die Frau, die eigentlich putzen wollte, in das richtige Zugabteil. Sie sahen voraus, was mit dieser Reisenden geschehen würde. So könnte man auch sagen: Sie sehen voraus, was Menschen nicht sehen können.

Bibelkundigen Leuten hat es immer wieder Kopfzerbrechen bereitet, dass es in den Schriften der Bibel Berichte gibt, in denen Ereignisse geschildert werden, die noch nicht eingetroffen sind. Man hielt das für unmöglich. Man glaubte, diese seien nach dem Ereignis eingefügt worden, weil ihnen ein derartiges Vorauswissen eben unglaublich schien. Aber könnte es eben nicht doch möglich sein? Ist es nicht so, dass die himmlischen Gesandten eine Intelligenz besitzen und Fähigkeiten aufweisen, welche die unsrigen bei weitem übersteigen? Gerade das macht ihre Begleitung ja so wertvoll! Ihr Wissenshorizont ist viel weiter als der Unsrige.

Manchmal aber kann ein solches Vorauswissen auch sehr traurig machen, besonders dann, wenn sich ein Unglück ankündigt, wie es ein elfjähriges Mädchen erlebt hat. Man schrieb Anfang Juli 1963. In der stattlichen, neugotischen Dorfkirche in einem Dorf im Zürcher Weinland fand eine Hochzeit statt. Die Eltern dieses Mädchens waren mit den Eltern des Bräutigams gut bekannt. Jenes Mädchen berichtete später:

«So fuhren auch meine Mutter und ich an jenem strahlend schönen Tag an die Trauung. Mitten in der Zeremonie kam mir ein seltsamer Gedanke: ‹Heute sind sie fröhlich, aber sie wissen nicht, was ihrer wartet›. Und schon kamen mir die Tränen. Ich weinte und weinte und konnte gar nicht mehr aufhören. Nach der Trauung begrüssten wir noch etliche Bekannte und bewunderten die gepflegten Pferde vor den festlich geschmückten Kutschen, die alle aus einem Nachbardorf stammten. Als ich mich auch draussen im hellen Sonnenschein nicht trösten lassen wollte, meinte meine Mutter, ich hätte Hunger und schlug vor, im nahen Gasthof eine Kleinigkeit zu essen. Doch auch dort fiel es mir schwer, meine Tränen zum Versiegen zu bringen, so dass meine Mutter mahnte: ‹Aber, aber, eine Hochzeit ist doch nichts Trauriges.› Das fand ich auch und begreifen konnte ich mein Verhalten überhaupt nicht. Dieses Gefühl der Fassungslosigkeit war aber stärker als ich.

Knapp zwei Monate später stürzte kurz nach dem Start im Flughafen Zürich das 7-Uhr-Flugzeug nach Genf ab, in dem viele Passagiere sassen, die auch an diesem Hochzeitsfest teilgenommen hatten.»

Auch Jesus brach einmal in Tränen aus. Dies geschah, als er unter dem Jubel von vielen Tausenden von Menschen in Jerusalem einzog. Wir feiern diesen Einzug jeweils am Palmsonntag. Während alle über seine Ankunft überglücklich waren und Feststimmung herrschte, weinte er. Warum? Weil er die Katastrophe voraussah, die einige Jahrzehnte später über die Stadt hereinbrechen würde. Wie er es voraussah und exakt beschrieb, geschah es. Römische Truppen schlossen die Stadt von allen Seiten ein, richteten Wälle auf, überwanden auf diese Weise die Schutzmauern und erstürmten die Stadt. Es gab ein grosses Blutvergiessen, über das Jesus bereits Jahre zuvor sehr, sehr traurig geworden war und geweint hatte.[33)]

Dass Kinder mehr sehen oder spüren, davon wurde mir mehrmals berichtet. So hat mir eine Frau erzählt, dass sie in ihrer Kindheit oft vorhersagen konnte, wer bald sterben würde. «Das hat mir so manche Ohrfeige von meiner Mutter eingebracht,» meinte sie. Ich finde, dass solche Fähigkeiten von Kindern weder mit Ohrfeigen quittiert noch verteufelt aber auch nicht gefördert oder gar ausgenützt werden sollten. Kinder sollen Kinder bleiben können. Sollte eine solche Fähigkeit vorhanden sein, ist ein Raum des Schutzes, der Geborgenheit und des Vertrauens vonnöten, so dass das Kind sich aussprechen und frei heraus erzählen kann. Angst von Seiten Erwachsener ist fehl am Platz, weil diese das Kind zusätzlich verunsichert und sich die Angst auf das Kind übertragen könnte. Ein ruhiger und natürlicher Umgang mit solch einer Begabung bewahrt vor seelischem Schaden. Auch gegenüber solchen Gaben stehen an erster Stelle der Schutz des Kindes und die Fürsorge für das Kind. Und es gilt auch hier die Willensfreiheit des Menschen. Hören wir dazu ein Beispiel:

«Unser Sohn hat als kleiner Knabe vorausgesehen, wenn jemand sterben musste. Von weitem zeigte er auf irgendeinen Menschen auf der Strasse, sah mich an und fragte: ‹Nicht wahr Mami, dieser Mann wird bald sterben?› Innerhalb von zehn Tagen starben diese Menschen meist. Er sah auch verstorbene Menschen auf seinem Bett. Mitten in der Nacht schrie er, nannte ihre Namen und jammerte, sie sollen sein Bett verlassen. Niemand im Haus wusste noch von deren Tod. Mit sieben Jahren hat er diese Hellsichtigkeit verloren. Wir beteten miteinander, und alles war gut.»

Ich denke, dass es für die Entwicklung dieses Knaben gut war, dass sich der Vorhang zuzog. So konnte er sich natürlich entfalten wie andere Kinder.

Dass hellsichtig begabte Menschen und natürlich besonders auch Engel mehr sehen und mehr wissen, als wir, davon erfahren wir auch durch die folgenden Berichte.

Das unbekannte Mädchen in der Waschküche – Kapitel 10

Eine Lehrerin erzählte:

«Meine Eltern lebten getrennt. Mein Vater wohnte im Süden Frankreichs, meine Mutter in der Türkei. Beide waren ins Alter gekommen und kränkelten. Da wurde mir mitgeteilt, dass sich der Gesundheitszustand von beiden zusehends verschlechtere und es nicht sicher sei, wie lange sie noch leben würden. In Gedanken versunken ging ich in die Waschküche, füllte die Waschmaschine und überlegte, wie ich es machen sollte und zu wem ich zuerst auf Besuch gehen sollte. Da kam ein keckes, freches Mädchen dahergewirbelt und sagte: ‹Es wird deiner Mutter wieder gut gehen.› Und schon war es weg. Wie es mir dieses unbekannte Mädchen angekündigt hatte, so geschah es dann auch. Meine Mutter wurde wieder gesund und es stellte sich als richtig heraus, zum Vater zu reisen.»

Diese Geschichte mag in manchen Ohren sonderbar klingen. Bereits im vierten Kapitel hörten wir von einer fremdartigen Erscheinung: dem Lichtei! Sie fallen aus dem Rahmen gängiger Vorstellungen von Begegnungen mit Engeln und mit der unsichtbaren Welt Gottes insgesamt. Was aber aus dem bisherigen Rahmen fällt, verunsichert oder aber kann neugierig machen. In der Theologie und Kirchengeschichte wurde und wird immer wieder neu versucht, Ordnung zu schaffen, indem man Zeugnisse von Erlebnissen mit Gottes Reich katalogisiert, ähnlich wie es zum Beispiel in der Biologie geschieht, wo man für die Tier- und Pflanzenwelt eine Systematik erschaffen hat. Das ist eine nützliche Hilfe. Nur darf es im Umgang mit der unsichtbaren Wirklichkeit nicht dazu führen, dass alles, was nicht in den bisherigen Katalog passt, abgelehnt wird. So wie es in den Naturwissenschaften immer neue Erkenntnisse gibt, kann das auch in Bezug auf Erfahrungen mit dem Himmelreich sein. Vergessen wir nicht: es gibt immer mehr, als wir bisher erkannt haben. Davon geben die nächsten Geschichten Zeugnis.

Der Leiter einer grossen Schule in einer Schweizer Stadt verbrachte seine Ferien in Mexiko. In einem Mietwagen durchquerte er mit seiner Familie das Land. Er sass am Steuer, als ihn plötzlich etwas unwiderstehlich drängte, an den rechten Strassenrand zu fahren und anzuhalten. War es gar eine Stimme, die ihm befahl anzuhalten? Er war sich dessen nicht mehr sicher, weil sich alles so schnell ereignet hatte. Vor ihm lag eine unübersichtliche Kurve. Kaum hatte er den Wagen gestoppt, als zwei grosse Laster um die Biegung gerast kamen, der eine den andern überholend. Somit waren beide Fahrspuren versperrt und es hätte unweigerlich einen schrecklichen Unfall gegeben!

Wieder begegnen wir der Tatsache, dass Engel mehr sehen und ein grösseres Wissen haben als wir Menschen. Ist es nicht ein einzigartiges Geschenk Gottes, dass er sie beauftragt hat, an unserer Seite zu sein?

Wie dankbar für diese Begleitung war auch ein Jogger. Er erlebte in einem Wald, nahe der Stadt Zürich, dass Engel mehr sehen. Er joggte spät abends durch den Wald. Die Strecke war ihm bekannt wie seine eigene Hosentasche, lief er diese doch immer wieder. Deshalb machte es ihm auch nichts aus, dass bereits die Nacht angebrochen war. Was er aber nicht sehen konnte war, dass in entgegengesetzter Richtung ein Biker, ohne Licht, unterwegs war. Auch diesem schien der Weg bestens bekannt gewesen zu sein. Wie aus dem Nichts wurde der Jogger auf die Seite gedrängt und in diesem Augenblick brauste der Biker an ihm vorbei. Ein Zusammenstoss mit vermutlich schlimmen Folgen konnte durch dieses Eingreifen verhindert werden.

Solch eine wundersame Rettung aus brenzligen Situationen, ist aus biblischen Texten wohlbekannt. So wird Joseph, dem Vater von Jesus, durch einen Engel im Traum befohlen, sofort mit dem Neugeborenen aus Bethlehem nach Ägypten zu fliehen. Der Grund: Herodes plante, alle Knaben unter zwei Jahren ermorden zu lassen.[34)]

Zu allen Zeiten gab es Menschen mit ähnlichen Talenten wie sie die Engel besitzen. In den Schriften des alten Testamentes nennt man diese Menschen Propheten. Auch sie konnten oftmals vorausschauen, welche Schicksale auf einzelne Menschen, ganze Landstriche oder Weltregionen zukommen würden.

Im besonderen Masse finden wir diese Gaben bei Jesus Christus. Dies muss nicht erstaunen, ist er doch der höchste jemals von Gott gesandte Geist, der Sohn Gottes, der in Menschengestalt auf dieser Erde gelebt hat, auch wenn er ganz und gar Mensch war. Was er nicht selbst erkennen konnte, wurde ihm vom Geist Gottes durch Engel zugetragen, die ihn begleiteten. Und dass er von Engeln stets umgeben war, sagte er selbst: «Ich versichere euch: Ihr werdet den Himmel offen sehen und erleben, wie die Engel Gottes zum Menschensohn herab- und von ihm zum Himmel hinaufsteigen!»[35)]

Bereits in Kapitel 3 ist uns der Begriff «Menschensohn» begegnet. Ich habe dort darauf hingewiesen, dass Jesus damit klar machen wollte, dass er ein Mensch war, den natürlichen Gesetzmässigkeiten unterworfen, wie alle Menschen auf dieser Erde. Aber er war mit übersinnlichen Fähigkeiten zur Wahrnehmung der unsichtbaren Wirklichkeit begabt und vor allem zum Kontakt mit den Engeln befähigt, die zu ihm von seinem himmlischen Vater gesandt wurden, um ihn zu stärken und zu informieren.

Deshalb konnte er zum Beispiel seine Begleiter schon früh darauf vorbereiten, dass er umgebracht werden würde. Auch konnte er voraussagen[36)], dass Petrus es dreimal abstreiten werde, ihn zu kennen, ehe der Hahn bei Sonnenaufgang krähte.[37)]

Kehren wir wieder in die heutige Zeit und in unsere Region zurück zu einer Frau, die seit vielen Jahren an zermürbenden Knieschmerzen litt. Endlich war mit einem Spezialisten ein Operationstermin vereinbart worden. Einen Monat vor der Operation geschah etwas Merkwürdiges. Sie erzählte: «Die Knie taten nicht mehr weh. Es schien, als rückten sie aus dem Gesichtsfeld.» Kurz darauf sah sie über ihren Augen eine silberne Chromstahlschale, eine Art Fruchtschale, vielleicht zwanzig Zentimeter breit. In dieser Schale aber lagen keine Früchte, sondern da las sie das Wort «Gynäkologie». Obwohl sie bisher noch nie etwas dergleichen erlebt hatte, fühlte sie in diesem Ereignis eine Dringlichkeit, so dass sie sich gleich beim Arzt anmeldete. Durch die Untersuchung wurde ein grosses Karzinom (bösartige Krebsgeschwulst) festgestellt. Anstelle der Knieoperation kam es dann zu einer Brustoperation!

Auch dieses Erlebnis erinnert uns daran, dass wir durch den Geist Gottes und die Engel umgeben sind von einer Weisheit, die unser Wissen bei Weitem übersteigt. Durch den Glauben öffnen wir uns für die Intelligenz des Himmels und durch das Gebet suchen wir aktiv Verbindung mit Gott und seinen guten Geistern.

Der aktive Kontakt will aber gelernt sein, worauf ich bereits in Kapitel 4 hingewiesen habe. Es verhält sich ähnlich, als ob wir in ein anderes Land reisen. Sprechen dort die Menschen eine fremde Sprache, müssen wir uns diese aneignen, um miteinander reden zu können. Aber nicht nur die Sprache ist zu lernen, sondern auch die Kultur, die Sitten, Bräuche und Regeln, welche dort gelten, müssen wir kennenlernen.

In Bezug auf einen aktiven Umgang mit der himmlischen Welt verhält es sich nicht viel anders. Das ist auch der Sinn der biblischen Geschichten und Texte und insbesondere der Evangelien. Sie haben dieses Ziel: Uns in Verbindung zu bringen mit Gott, uns in die himmlische Kultur, in jene Sitten und Bräuche einzuführen und uns zu lehren, wie wir mit der jenseitigen Welt schon im Diesseits in Kontakt treten können. Durch die Beschäftigung mit diesen Texten sollen wir uns jenen Lebensstil aneignen und uns an «himmlische Gepflogenheiten» gewöhnen.

Wir könnten die oben geschilderten Erlebnisse auch als Ereignisse deuten, die uns für die unsichtbare Wirklichkeit wach machen wollen, so dass wir uns nach dieser Wirklichkeit auf die Suche machen. Nach der Wirklichkeit, die auch Reich Gottes genannt wird, oder kurz gesagt, dass wir uns nach Gott umsehen.

In diesem Sinn hat eine junge Studentin ein Erlebnis mitten in Zürich verstanden.

Sie hatte eben eine schwierige Chemie-Prüfung an der ETH Zürich abgelegt. In Gedanken hing sie immer noch der Prüfung nach, als sie die Bahnhofstrasse hinab ging. Sie fühlte sich ausgelaugt und erschöpft. So gelangte sie zum Paradeplatz, jenem weltbekannten Platz, an dem sich viele Banken befinden. Dort kreuzen sich aber nicht nur Bankkunden und Touristen aus aller Welt, sondern auch viele Tramlinien. Gedankenverloren überquerte sie den Platz, als unvermittelt eine Frau auf die Studentin zugerannt kam, sie packte und vor dem herannahenden Tram wegriss. Um Haaresbreite konnte ein schrecklicher Unfall verhindert werden. Die Studentin berichtet: «Ich solle dies nie mehr tun, sagte die Retterin noch und verschwand, so schnell wie sie erschienen war. Mir war sofort klar, dass dies eine Rettung vom lieben Gott gewesen war und dass ich dem lieben Gott wieder näher kommen sollte.»

Die Boten Gottes möchten uns näher zu Gott führen. Sie selbst leben in ständiger Verbundenheit mit ihm. Jesus hat das einmal mit einem eindrücklichen Bild umschrieben. Er sagte von den Engeln, dass sie «allezeit das Angesicht meines Vaters im Himmel schauen.»[38)]

Dieser Wunsch, ähnlich wie die Engel in engster Verbindung mit der himmlischen Welt zu leben, kommt im Choral «Näher, mein Gott zu dir» schön zum Ausdruck. Dieser soll gemäss Überlieferung beim Untergang der Titanic 1912 von der auf dem Schiff zurückbleibenden Blaskapelle gespielt worden sein. Durch den 1997 erschienenen gleichnamigen Film mit den beiden Starschauspielern Kate Winslet und Leonardo Di Caprio, wurde der Choral wieder weltbekannt:

«Näher, mein Gott zu dir, sei meine Bitt!
Näher, o Herr, zu dir mit jedem Schritt.
Nur an dem Herzen dein kann ich geborgen sein:
Deshalb die Bitte mein: Näher zu dir!»
Näher zu Dir!»[39)]

«Nur an dem Herzen dein kann ich geborgen sein.» Diese Liedstrophe erinnert an ein anderes Lied, gedichtet von Dietrich Bonhoeffer aus dem Gefängnis um die Jahreswende 1944/45, wenige Monate bevor er von den Nazis umgebracht wurde.

«Von guten Mächten wunderbar geborgen erwarten wir getrost, was kommen mag. Gott ist bei uns am Abend und am Morgen und ganz gewiss an jedem neuen Tag.»[40)]

Die nächste Geschichte veranschaulicht, was in den beiden Liedstrophen beschrieben wird.

Der Junge und die rätselhafte Brücke – Kapitel 11

Mitten in der Nacht erwachte ein Kaufmann, schweissgebadet und angsterfüllt. Er dachte an seine mit Terminen randvolle Agenda und fragte sich: «Wie soll ich das nur alles bewältigen?» Dann setzte er sich im Bett auf und fing mit den Händen vor dem Gesicht an zu beten. Da sah er eine Art Film, der vor seinem inneren Auge abgespielt wurde. Er berichtete:

«Ein Junge kam des Weges. Dieser Weg aber endete an einem riesigen Abgrund. Die Schlucht war tief und schwarz, so dass man die Sohle nicht sehen konnte. Dann wurde eine Hängebrücke sichtbar. Der Junge lief bis zur Hängebrücke, wollte sie betreten, machte aber gleich wieder erschrocken einen Schritt zurück, so dass er auf festem Boden stand. Nach wenigen Metern klaffte eine riesige Lücke, weil die Bretter fehlten. Dann hatte es wieder einige Bretter, dann fehlten wieder welche. Und so ging es weiter bis ans andere Ende der Brücke. Es war unmöglich, über diese Hängebrücke die Schlucht zu überqueren. Aber der Junge wusste: ‹Hier muss ich rüber!› Es gibt keinen anderen Weg, keine andere Möglichkeit. Da kam jemand, nahm den Knaben auf die Schulter und fing an, über die Brücke zu gehen. Sie kamen zum ersten bretterlosen Abschnitt, doch die Gestalt zögerte keinen Augenblick, sondern ging einfach weiter, als wäre da kein Loch und als ob man nicht in die Tiefe stürzen könnte. Als wäre nichts gewesen, gelangten sie auf die andere Seite. Die Gestalt, die nur in Umrissen sichtbar war, nahm den Knaben von der Schulter, und er blickte zurück. Zu seinem Erstaunen fehlte kein einziges Brett. Dann aber veränderte sich seine Sicht auf die Brücke nochmals und er sah sie wieder von der anderen Seite, von dort, woher er gekommen war. Von dieser Seite aus gesehen, fehlten die Bretter nach wie vor und es klafften grosse, unüberwindbare Lücken. Dann war der ‹Film› zu Ende.»

Was der stark beanspruchte Kaufmann gesehen hatte, beruhigte ihn. Er deutete die Gestalt als einen himmlischen, von Gott gesandten Geist. Die Schlucht, die bedrohlich und unüberwindbar vor ihm lag, mit der beschädigten Hängebrücke, war für ihn ein Bild für all das, was ihm Angst machte. Er sagte sich, dass mit Gottes Hilfe auch eine solche Schlucht überwindbar wird. Bald darauf schlief er getrost wieder ein, wie es Bonhoeffer formuliert hat, wissend: «Gott ist bei uns am Abend und am Morgen und ganz gewiss an jedem neuen Tag.»

Dieses Erlebnis zeigt, wie unterschiedlich die Sichtweisen vom Diesseits und vom Jenseits aus sind. Während die Brücke von dieser Seite her unüberwindbar schien, sah es von «drüben» ganz anders aus. Mit Gottes Hilfe ist vieles möglich. Nicht umsonst wird in der Bibel und insbesondere von Jesus immer wieder dazu aufgerufen zu vertrauen. Oder wie es in diesem Spruch heisst: «Befiehl dem Herrn deine Wege und hoffe auf ihn, er wird's wohl machen.»[41)]

Was bewirkt dieses Vertrauen? Es stärkt das Selbstvertrauen. Es fördert die Zuversicht. Es ermutigt, unerschrocken und entschlossen die nächsten Schritte zu wagen. Das haben Menschen erfahren, von denen in den nächsten Kapiteln die Rede ist.

Als Jesus in der Türe stand – Kapitel 12

Sie waren einfache Leute, die einen kleinen Bauernhof bewirtschafteten und daneben noch ein kleines Zimmermannsgeschäft betrieben. Bereits zählten vier Kinder zur Familie. Es war nicht einfach, mit den geringen Mitteln die Familie zu ernähren. Von frühmorgens bis spätabends wirkten die Hände.

Doch dann meldete sich ein fünftes Kind an. Die Mutter war darüber traurig und voller Sorgen. Die Sorgen betrafen nicht nur die wirtschaftliche Situation der Familie. Da gab es noch einen anderen Grund: Sie selbst hatte ihre eigene Mutter mit 14 Jahren verloren. Eine grosse Kinderschar blieb zurück und sie musste als Älteste grosse Verantwortung übernehmen. Nur dank der Mithilfe von Bekannten konnte verhindert werden, dass die Kinder auseinander gerissen und in verschiedene Familien verteilt wurden. Aber es waren schwere Jahre.

Während der Zeit der Schwangerschaft wollte ihr der Gedanke nicht aus dem Kopf, was geschehen würde, wenn es ihren Kindern gleich ginge und sie früh sterben müsste. Davor hatte sie grosse Angst.

Da träumte sie. In diesem Traum stand Jesus unter der Tür. Von ihm ging eine unwahrscheinlich beruhigende Atmosphäre und Schwingung aus, wie man es bei Menschen nicht erlebt. Dann kam er auf die Träumende zu, strich ihr über das Haar und sagte: «Es wird schon gut, mach dir keine Sorgen!»

Sie erwachte, fühlte sich so leicht und dachte: «Wenn er das sagt, wird es schon gut!» Und so geschah es auch.

Ähnliches erfuhr eine junge Frau in den Teenager-Jahren. Sie war total am Boden zerstört und wusste weder ein noch aus. Sie wuchs in einer rauen, menschenverachtenden und von Gewalt und Niedertracht geprägten Umgebung auf. Wieder einmal war sie von ihrem betrunkenen Vater verprügelt worden. Dann hatte er sie ins Zimmer eingesperrt und allein gelassen. Ihre Gedanken kreisten nur noch ums Sterben, denn darin sah sie die einzige Möglichkeit, sich aus all dem Elend selbst zu erlösen. In dieser Trostlosigkeit lag sie auf dem Bett. Der Abend dämmerte bereits, als sie plötzlich einen hellen Lichtstrahl sah. Sie fühlte sich geborgen in Liebe und Wärme. In diesem wunderbaren Licht erblickte sie einen schönen Mann, der sie an ein Bild von Jesus erinnerte. «Er stand unten am Bett», erzählte sie mir immer noch sehr bewegt, obwohl das Erlebnis Jahrzehnte zurück lag, «schaute mich aus unendlich gütigen Augen an und nickte mit dem Kopf, als wollte er sagen: ‹Kind, alles wird gut.› Dann verschwand dieses Bild. Nachdenklich blieb ich auf dem Bett liegen. Es war kein Traum gewesen, dessen bin ich mir ganz sicher. Von nun an wusste ich, dass ich nicht allein war, dass ich getragen werde, was immer auch geschieht. Man kann es glauben oder nicht, wer solches erlebt hat, glaubt an himmlische Kräfte. Dazu muss man nicht besonders fromm sein. Diese Kräfte leben im Menschen weiter – nie kann man so etwas vergessen!»

«Als Jesus unter der Türe stand.» Diese Erfahrungen erinnern mich an die Erscheinungen von Jesus nach seinem Tod am Kreuz. Da wird auch berichtet: Plötzlich stand der Herr selbst mitten unter ihnen. Er grüsste sie jeweils mit Worten wie: «Friede sei mit Euch!»[42)]

Frieden ist ein untrügliches Zeichen für die Berührung mit der unsichtbaren Welt Gottes. Davon hören wir aus der nächsten Geschichte. Nehmen wir ausnahmsweise einmal den Schluss vorweg. Die Erzählerin schrieb:

«Frieden und tiefster Dank erfüllten meine Seele, als ich dann aufstand, den stillen Raum verliess und begann, die breite Treppe hinunterzusteigen. Da, mitten auf der Treppe, begegnete mir plötzlich die Seminarleiterin, mit der ich bisher noch kein privates Wort gewechselt hatte. Sie sah mich an, ergriff meine Hand und rief fast jubelnd: ‹Ihnen ist eben Jesus begegnet, ich sehe es!› Ich glaube, dass ich nicht fähig war, viel zu reden, mir ist, als hätte ich nur gesagt: Jesu Hand hat mich berührt und erlöst.»

Doch hören wir nun von Anfang an, was sich ereignet hatte:

«Während der Schwangerschaft mit dem sechsten Kind wurde mein Herz von tiefstem Unglück zerrissen. Dreimal schon hatte ich versucht, davon zu laufen und mir selbst ein Leid anzutun, doch die fünf kleinen Kinder zu Hause liessen mich immer wieder umkehren. Dann kam die Geburt, und ich gebar ein Mädchen. Es kam mit einer Hasenscharte und einem Wolfsrachen zur Welt. Ich sagte mir: Meine seelische Zerrissenheit hat das Gesicht des Kindes zerrissen. Ich bin schuld daran. Ich allein! In jener Zeit war uns ein ehemaliger Jugendfreund meines Mannes, ein sehr gläubiger Zahnarzt, der uns umsonst behandelte, eine grosse Hilfe. Es gelang ihm, mich zur Teilnahme an einer Seminarwoche zu bewegen, in der biblische Texte besprochen wurden aber auch viel Zeit zur Erholung zur Verfügung stand. Da er mir diese Woche schenken wollte, konnte ich nicht gut ablehnen, obwohl ich eigentlich nicht unbedingt das Verlangen nach solch einer Bibelwoche hatte. Misstrauisch fuhr ich hin. Tatsächlich störte mich vieles. Vor allem das weltfremde Benehmen mancher anwesenden Christen stiess mich ab. Doch die Lieder, die gesungen wurden, berührten meine verzagte und von Schuldgefühlen gepeinigte und gemarterte Seele. Hinzu kam ein Gespräch, das mir viel zu denken gab. Mir wurde gesagt, dass Jesus für unsere Schuld gestorben sei und wir uns nicht selbst quälen müssten.

Gegen Ende der Woche schrie etwas in mir: ‹Wenn sich etwas ändern soll, dann musst du jetzt einen Schritt tun!› Da erinnerte ich mich daran, dass die Kursleiterin anfangs der Woche auf einen Gebetsraum, eine Art Kapelle, hingewiesen hatte, der jederzeit für uns offen stünde und wo man ungestört sei. Ich ging hin. Der Raum war leer. Da überkam es mich. Unter Tränen flehte ich Jesus an, mir beizustehen und mich von dem Dunkel in meiner Seele zu erretten. Meine schreckliche Lebenssituation breitete ich vor ihm aus. Mitten in meinem heissen Flehen und Weinen fühlte ich eine sanfte Berührung meiner gefalteten Hände durch eine unsichtbare Hand, und ich hörte die Stimme von Jesus, die sagte: ‹Steh auf und gehe zuversichtlich weiter. Ich bin bei dir!› Ein Strom des Glücks floss durch mein ganzes Ich. Von dieser Stunde an erfüllte mich tiefster Frieden.»

Diese Erfahrung erinnerte mich an Gedanken der Mystikerin Teresa von Avila (1515–1582). Sie lauten:

«Möge heute überall Frieden sein.
Mögest du Gott vertrauen, dass du genau dort bist, wo du vorgesehen bist zu sein.

Mögest du dir der unendlichen Möglichkeiten gewahr sein, die durch den Glauben geboren werden.
Mögest du jener Geschenke gedenken, die du erhalten hast und die Liebe weiterleiten, die dir gegeben wurde.
Mögest du in Zufriedenheit wissen, dass du ein Kind Gottes bist.
Lass diese Gewissheit mit tiefen Atemzügen bis in deine Knochen dringen und dort ihren Platz finden und erlaube deiner Seele die Freiheit zu singen, zu tanzen, zu loben und preisen und zu lieben.
All dies ist da für jeden und jede von uns.»[43)]

Solche Worte können ihre Wirkung entfalten, wenn sie mehrfach gelesen werden und wenn darüber nachgedacht wird, vielleicht Satz für Satz. Auf diese Weise können sie unser Denken und Handeln prägen. Frühere Generationen haben viel auswendig gelernt. Auf englisch heisst auswendig lernen «learn something by heart». «Heart» heisst Herz. Man könnte deshalb sagen: Wer auswendig lernt, nimmt etwas in sein Herz auf. Von dort strahlt es dann wieder ins Leben zurück. An Stelle von «Herz» könnte man auch in der Sprache der Psychologen vom «Unbewussten» reden. Auf jeden Fall sammelt man sich einen Schatz an, wenn man gute Worte meditiert, darüber nachdenkt und sie in sich aufnimmt, wie das nächste Erlebnis uns vor Augen führt.

Als ich die ältere Frau besuchte, leitete sie ihre Geschichte mit diesen Worten ein: «Ich bin kein Gefühlsmensch, sondern Realist.» Sie wollte mir wohl damit sagen, dass sie nicht so leicht alles glauben würde, sondern mit beiden Füssen auf dem Boden stünde. Dann fügte sie an: «Aber seit diesem Erlebnis bin ich irgendwie ein anderer Mensch. Mein Leben hat nochmals neu begonnen.»

Notfallmässig musste sie ins Spital unserer Region überführt werden. Ihr Leben hing, wie sie später erfuhr, in diesen Stunden an einem seidenen Faden. «Ich war nahe am Himmelstor», meinte sie zu mir. Während sie mit dem Leben rang, sah sie plötzlich ihr Spitalbett umgeben von Fratzen. «Es war, wie man es manchmal auf Bildern sieht. Angst einflössende Köpfe mit entstellten Gesichtszügen, mit Haaren auf den Zähnen oder wie man es von Bildern von Hexen und Zauberern kennt. Was war das? War das der Tod?, fragte ich mich. Auf jeden Fall war es jemand oder etwas, der oder das mir Angst machen wollte und mich tief erschreckte. Da kam mir ein Abschnitt aus der Bibel in den Sinn, in dem es heisst:

‹Und wenn ich auch gehe durch das Tal der Todesschatten, fürchte ich kein Unglück; denn du bist bei mir, dein Stecken und Stab trösten mich. Du bereitest vor mir einen Tisch im Angesicht meiner Feinde. Du salbst mein Haupt mit Öl und schenkest mir voll ein. Gutes und Barmherzigkeit werden mir folgen mein Leben lang, und ich werde bleiben im Hause des Herrn immerdar.›[44)]

Während mir diese Worte durch den Kopf gingen, sah ich die Engel! Einer schwebte über meinem Bett: Wunderschön. Hell leuchtend. Einer stand unten am Bett zu meinen Füssen und hielt dort das Bettgestell. Andere Engel knieten an der Seite des Bettes, mir den Rücken zugekehrt und gegen die Fratzen gewandt. So war das ganze Bett umgeben von Engeln, so weit ich es sehen konnte. Die Fratzen wichen mehr und mehr zurück, bis sie ganz verschwanden, und es wurde alles in einen Frieden eingetaucht. Ruhe kehrte in mein Herz ein und ich konnte getrost annehmen, was kommen würde.»

Dieser Textteil, der aus dem Innern, aus dem Unbewussten beziehungsweise aus dem Herzen dieser Frau aufstieg, stammt aus einem Lied aus dem Alten Testament, in dem Gott als guter Hirte dargestellt wird, der sich für seine Schafe einsetzt. Stecken und Stab sind die Waffen des Hirten, mit denen er böse Tiere vertreibt, die der Herde auflauern und schaden wollen. Zugleich verwendet er den langen Stab auch, um sich abzustützen und darauf auszuruhen. Er ist also Symbol für Ruhe und Erholung.

Durch Gottes Geist wurde die Person an diesen alten, mutmachenden Text erinnert, so dass ihr Vertrauen und ihre Zuversicht gestärkt wurden und sie zur Ruhe kam, was in den Worten zum Ausdruck kommt: «Ich konnte getrost annehmen, was kommen würde.»

Vertrauen und Zuversicht sind eine starke Medizin gegen alle Ängste. Sich so in Gottes Hand geborgen zu fühlen, vertreibt manch Finsteres, Beängstigendes und Schreckliches. «Aber seit diesem Erlebnis bin ich irgendwie ein anderer Mensch. Mein Leben hat nochmals neu begonnen», sagte mir die Patientin.

Sie erlebte, wie es in jenem alten Text, einige Verse vor den oben zitierten, geschrieben steht:

«Der Herr ist mein Hirt, mir mangelt nichts,
er weidet mich auf grünen Auen.
Zur Ruhe am Wasser führt er mich,
neues Leben gibt er mir.»[45)]

Die Schmerzen und der Engel mit dem Schwert – Kapitel 14

Nicht immer entsteht «neues Leben» einfach so. Manchmal muss man auch einen Beitrag leisten, Gewohnheiten ändern und sich an veränderte Umstände anpassen, wie das folgende Beispiel zeigt.

Die nachfolgende Begebenheit handelt von einer Frau, welche an ihrem Arbeitsplatz harte körperliche Arbeit verrichtete. Schwere Pakete mussten täglich in der Spedition gepackt und danach verladen werden. Daneben gab es viel Arbeit in der Familie, in Haus und Garten. Harmlos fingen eines Tages Beschwerden an, die stetig stärker wurden und zu einer Gefühllosigkeit im Fuss führten. Beim Arzt bekam sie die Diagnose: Diskushernie.

Die Schmerzen nahmen weiter zu. Sie konnte nicht mehr schlafen, denn wenn sie sich abends ins Bett legte, schienen sich spitze Messer in ihren Rücken zu bohren. «Nur über einen Schemel gebeugt war es möglich, ein wenig zu dösen», sagte sie mir und fuhr fort: «Ein weiterer Arztbesuch wurde nötig. Der Neurochirurg erklärte, dass eine Operation der nächste Schritt sei, wenn ich weiterhin nicht schlafen könne. Diesen Bescheid bekam ich in einer Zeit, in der ich insbesondere in der Familie aber auch im sonstigen Lebensumfeld dringend gebraucht wurde. Ich war verzweifelt und hoffte inständig, die Operation vermeiden zu können. Und ich betete in grosser Not, nicht um eine einfache Heilung, sondern um Beistand und Kraft.

Doch auch in der folgenden Nacht, kaum hatte ich mich ins Bett gelegt, überfielen mich wieder diese unerträglichen Schmerzen. Da sah ich vor meinem inneren Auge einen Engel. Er trug ein langes Gewand, hatte lange Haare und hielt ein sehr langes, glänzendes und spitzes Schwert geradeaus gestreckt in seiner Hand. Ich lag auf der rechten Seite und der Engel kam von rechts. Ich war nicht sehr überrascht, hiess den Engel willkommen und es war, als ob wir den Kampf gegen den Schmerz gemeinsam aufnehmen würden. Er kämpfte mit dem Schmerz, bis ich einschlief. Ich war noch nicht geheilt, aber eine Operation war nicht mehr notwendig. Von da an war es mir wieder möglich, zu liegen und zu schlafen. Die Heilung ging langsam voran. Es folgten einige Wochen Aufenthalt in einer Rheumaklinik, die mir gut taten.»

Bekomme ich eine solche Geschichte zu hören, möchte ich natürlich auch wissen, wie die Betroffene diese selbst deutet und was sie zur Engelserscheinung mit dem Schwert denkt. Auf mein Nachfragen erfuhr ich weitere Details:

«Ich hatte mich noch nie bewusst mit Engelserscheinungen beschäftigt. Aber wenn ich mich jetzt zurückerinnere, so sehe ich das romantische Gemälde des bekannten Schutzengels vor mir, der zwei Kinder vor einem Abgrund beschützt. Ein Engelsbild war also in mir vorhanden, gespeichert sozusagen. Ich denke, meine Engelserscheinung könnte auch rein psychologisch gedeutet werden: Ein inneres hilfreiches Bild, eine Ressource, die vorhanden ist, die jedoch in einem religiösen Urgrund angelegt ist. Ein religiöser Mensch ordnet den Engel als himmlische Erscheinung ein, ein sehr rationaler Mensch als eine Art Projektion. Letztlich ist es ein Mysterium, für mich in diesem Sinn ein Wunder, das ich gerne angenommen habe.»

Ich wollte erfahren, wie es weitergegangen ist. Sie erzählte: «Ein paar Jahre später hatte ich einen Rückfall. Auch da kam ich im Rückblick gut über die Runden. Ich wurde jedoch wieder lahmgelegt, hatte aber dadurch viel Zeit zum Nachdenken, Lesen und Schreiben. Das war sehr gut für mich. Zudem ging es auch darum, das Leben anders zu organisieren. Lasten mussten vorsichtiger getragen werden, die Gartenarbeit achtsamer angegangen und durch Übungen die Muskeln des Rückens gestärkt werden. All dies dauert seine Zeit. Aber gewiss hat mich mein Engel begleitet, ohne dass er sich noch einmal so deutlich und bildhaft gezeigt hätte.»

Was mir in diesem Beispiel ins Auge sticht, ist die Zusammenarbeit zwischen «Himmel und Erde». Der Engel half beim Bekämpfen der Schmerzen. Gleichzeitig musste aber auch das Leben neu ausgerichtet und den Belastungsgrenzen angepasst werden.

Diese Geschichte ruft mir aber auch Menschen in Erinnerung, welche ebenfalls unter unbeschreiblichen Schmerzen leiden. Sie erfahren trotz bester medizinischer, pflegerischer und psychiatrischer beziehungsweise psychotherapeutischer Betreuung einfach keine Linderung. Die Hilflosigkeit unserer Zeit im Umgang mit Schmerzpatienten beschäftigt mich sehr, so dass ich nur beten kann: «Gott, hilf!»

Der Knabe und die Erscheinung im Feuerschein – Kapitel 15

Wenn es um Krankheit und Heilung geht, wird oft in den Schablonen von «Entweder – oder» gedacht. Hier Schulmedizin, dort alternative Medizin. Hier Chemie, dort pflanzliche Heilmittel. Hier Medikamente, dort spirituelle Heilung durch Gebet und religiöse Rituale. Das eine wird überbewertet, womit das andere abgewertet wird.

Warum eigentlich dieses «Entweder – oder»? Warum dieses Gegeneinander? Könnte es nicht viel mehr ein «Sowohl – als auch» sein? Es gibt zu diesem Thema im Kirchengesangbuch eine vielsagende Liedstrophe. Da heisst es: «Du meine Seele singe, wohlauf und singe schön, dem, welchem alle Dinge zu Dienst und Willen stehen.»[46)] Gott stehen also alle Dinge zu Diensten: Sowohl die Schulmedizin wie auch die alternative Medizin; sowohl die Chemie wie die natürlichen Heilmittel; sowohl Medikamente wie Gebet und religiöse Rituale. Keine Richtung soll sich über die andere erheben, keine sich als einziger Weg anpreisen, sondern sich demütig in den Dienst dessen stellen, dem auch die Engel dienen und von dem auch Jesus die Mittel und Kräfte bekommen hat, um Menschen heilsam zu berühren.

Auch ich litt einst unter Schlaflosigkeit, verursacht durch eine Schulterverletzung. Trotz Gebet und Fürbitte wollte der Schlaf einfach nicht zurückkehren und auch die Schmerzen liessen nicht nach. Wie dankbar war ich da für Hilfsmittel der Schulmedizin, die ich im Sinne des obigen Liedes auch als «Dinge» verstand, welche Gott zu Diensten stehen. Ich nahm die medizinischen Mittel als ob ich das Abendmahl nehmen würde. Ich betete über Tabletten und Tropfen wie Jesus damals über Brot und Wein gebetet hat, dankte Gott und bat darum, dass er sie segnen möge. Dann nahm ich sie vertrauend, dass Gott durch sie wirken möge. Gebet, seelsorgerliche Betreuung, ärztliche Begleitung, medizinische Hilfsmittel und die begabten Hände einer Physiotherapeutin halfen mir.

In einem Brief an einen Gemeindeleiter schreibt der Apostel Paulus: «Alles, was Gott geschaffen hat, ist gut. Wir brauchen nichts davon abzulehnen, sondern dürfen alles gebrauchen – wenn wir es nur mit Dank aus der Hand Gottes empfangen.»[47)]

Dieses «Sowohl – als auch» zeigt sich im Leben eines Mannes, der als Knabe auf wunderbare Art und Weise geheilt wurde. Trotzdem, oder vielleicht gerade deswegen, wurde er später Landarzt und führt noch heute eine Praxis in der Ostschweiz. Lassen wir ihn selbst erzählen:

«Es war dunkel in der kleinen Wohnküche, in der ich schwer atmend in meinem Bett lag. Nur der Schein des Feuers, welcher durch die Ritzen des alten Holzherdes drang, tauchte den Raum in ein schwaches Licht. Ich war etwa zwölf Jahre alt. Wie jedes Jahr, verbrachten wir die Sommerferien auf dem kleinen Bauernhof meiner Grossmutter in der Steiermark, unweit der ungarischen Grenze. Und wie jedes Jahr wurde ich von dieser nächtlichen Atemnot heimgesucht. Um mir das Atmen zu erleichtern, befeuchtete meine Mutter die Raumluft, indem sie trotz der Sommerhitze, Töpfe mit Wasser auf den brennenden Herd stellte. Ein Arzt war in dieser Gegend nur schwer zu finden, so dass ich keinerlei Medikamente erhalten konnte.

In dieser Nacht wurde meine Not immer stärker. Es war, als ob ein tonnenschweres Gewicht auf meiner Brust lag und mir immer mehr die Möglichkeit zu atmen nahm. Ich wollte weinen, nach meiner Mutter rufen aber das Asthma verengte eisern und gnadenlos meine Atemwege, so dass mir für nichts anderes Kraft blieb, als bewegungslos und stumm gegen den Erstickungstod anzukämpfen. Ich war allein, Hilfe zu rufen war nicht mehr möglich, und ich litt unsäglich. Tränen rannen mir über die Wangen, während ich spürte, wie meine Kraft langsam nachliess und meine Not immer grösser wurde. Plötzlich wurde mir klar, dass der Tod nun ganz nahe war. Ich spürte, dass ich jetzt ersticke.

‹Gott im Himmel, nun ersticke ich. Hilf mir bitte!› Diese wenigen Worte betete ich in meinem Kinderherzen in allergrösster Not. Da sah ich plötzlich eine Gestalt im schummrigen Licht des Ofens stehen, wenige Meter von mir entfernt. Diese kam auf mich zu, wobei ich nicht sagen konnte, wie sie sich fortbewegte. Irgendwie schien sie über den Boden zu schweben. Sie berührte mich sanft, ohne ein Wort zu sagen. Sofort konnte ich frei und ohne Probleme atmen. Dann war die Gestalt verschwunden. Im Ofen flackerte noch das Feuer, und ich schlief rasch, tief und fest ein.»

In diesem Beispiel begegnet uns etwas, das mir persönlich sehr am Herzen liegt. Dieser zwölfjährige Knabe betete, was ihm offensichtlich beigebracht worden war.

Bei Taufbesuchen aber auch bei anderer Gelegenheit, ermuntere ich junge Paare, Eltern, Grosseltern und auch Paten und Patinnen dazu, die Kinder das Beten zu lehren. Besonders vor dem zu Bett gehen, kann ein Gebet oder auch ein religiöses

Lied sehr entlastend wirken. Aber auch das Gebet vor dem Essen bringt Ruhe und Ordnung in den Tagesablauf. Die Gedanken werden für einen kurzen Augenblick darauf gelenkt, dass wir von einer unsichtbaren Wirklichkeit umgeben sind, der wir unser Leben und unser tägliches Brot verdanken.

Im Gebet wird die Beziehung zur unsichtbaren Welt gesucht und gepflegt. In einem Artikel wurde das Beten «das letzte Abenteuer» genannt.[48)] Da betritt man unbekanntes Land, weil man sich mit etwas, für unsere Augen Unsichtbarem, in Verbindung setzt. Im Gebet öffnet sich das Herz über die sichtbare Welt hinaus, über die Welt der Sinne und der Dinge und wendet sich der unsichtbaren zu. Aber auch das Umgekehrte geschieht: Im Gebet nehmen wir Gott in unsere Welt, in unser Leben, in unseren Alltag hinein. Im Glück danken wir für das Geschenk des Lebens und in der Not rufen wir Gott um Hilfe an.

Ist es nicht ein «uralter Reflex», dass in der Not gebetet wird? Wenn wir die Kinder beten lehren, wie der oben erwähnte Knabe es gelernt hat, sorgen wir dafür, dass dieser Reflex nicht verkümmert. Dabei kommt es nicht auf wohlgeformte Worte an. So sagte jemand: «Bete, wie du kannst, nicht wie du nicht kannst.» Und auch dies sollten wir uns beim Beten vor Augen halten: «Jeder betet in seiner eigenen Sprache, und es gibt keine Sprache, die Gott nicht versteht.»[49)]

Was ist denn das Abenteuer beim Beten? Nehmen wir das Beispiel des Propheten Jona. Vielleicht kennen Sie seine Geschichte. Er hatte sich selbst durch sein Handeln in grösste Schwierigkeiten gebracht. Am Ende landete er im Bauch eines Walfisches. Das mag in unserer wissenschaftlichen und aufgeklärten Zeit absurd klingen. Man kann den Aufenthaltsort im Walfisch aber auch als Bildbeschreibung für eine ausweglose Situation verstehen: Angsteinflössend, hoffnungslos, bedrohlich. Und was tat Jona? Er handelte reflexartig: «Ich rief zu dem Herrn in meiner Angst, und er antwortete mir.»[50)]

Wie antwortet die unsichtbare Welt auf ein Gebet? Manchmal ist die Antwort schon im Gebet selbst enthalten, weil das Aussprechen der Not gut tut. Die Situation hat sich vielleicht nicht verändert. Das Gebet jedoch macht bewusst, dass man nicht alleine ist. Schon dieser Gedanke kann stärkend und beruhigend wirken.

Weiter wird man nun gespannt auf Antwort warten. Dabei ist zu beachten, dass dies auf mannigfaltige Art und Weise geschehen kann. Von den unterschiedlichsten Kommunikationsformen des Himmels haben wir in den vorherigen Geschichten bereits einige kennen gelernt. Um persönlich mehr darüber zu erfahren wie die guten Mächte Gottes auf Gebete reagieren, führe ich ein Gebetstagebuch. Nicht täglich, aber immer wieder einmal, und besonders in wichtigen Entscheidungssituationen oder in schwierigen Zeiten notiere ich mir, wofür ich gebetet habe. Es ist spannend, Monate oder gar Jahre später zurückzuschauen, um zu sehen, wie sich der Lebensweg entwickelt hat.

Bekommt oder findet man auf Gebete immer eine Antwort? Oft scheint Gott zu schweigen. Nun dürfen wir dabei nicht vergessen, dass wir nicht das Marionettentheater Gottes sind. Er führt uns nicht an dünnen Fäden und dirigiert, wohin wir uns bewegen sollen. Vielfach gibt es nicht nur eine Möglichkeit, sondern verschiedene. Wir haben die Wahl und dürfen auch wählen. Entscheidungen machen ja deshalb Mühe, weil wir die Konsequenzen in der Regel nie ganz abschätzen können. Es bleibt immer eine gewisse Unsicherheit. Aber gerade diese Unsicherheit kann ins Gebet führen. Dabei werden die himmlischen Boten nicht vor Hindernissen, Irrwegen, Fehlern und vor Versagen bewahren und uns einfach auf die Strasse des Erfolgs führen. «Aus Niederlagen», so sagte einst Roger Federer, einer der besten Tennisspieler unserer Tage, in einem Interview, «habe ich mehr gelernt als aus Siegen.»

Selbst wenn Gott bei einer Entscheidung einen «heissen Tipp» gibt, muss der Weg nach der Entscheidung selbst gegangen werden. Dazu ein Beispiel, das mir ein Mann zukommen liess:

Eine langjährige Freundschaft war auseinander gegangen. Er fragte sich: «Wie soll mein Leben nun weitergehen? Ich habe Gott im Gebet oft um Weisung gebeten. In einer Nacht, als ich wieder um Führung bat, hörte ich ganz klar und laut eine Stimme, die mir einen Namen zurief. Die Person mit diesem Namen war oft zu Besuch bei meinen Eltern. Ich kannte sie, aber wir waren uns noch nicht häufig begegnet, weil ich in jener Studienzeit nur selten nach Hause kam. Aber für mich war dieser Ruf ganz klar Gottes Weisung, mit welcher Frau mein Weg weitergehen sollte. – Wir sind nun schon bald 60 Jahre glücklich verheiratet.» Für dieses «Glück» aber war das Paar selbst verantwortlich.

Allerdings darf das Beten nicht zu einer abergläubischen Praxis führen. Was meine ich damit? Ich entsinne mich an einen Familienvater, der es sich zur Pflicht gemacht hatte, jeden Morgen, bevor er zur Arbeit ging, zu beten. Doch er konnte dies nicht immer einhalten. An einem Tag, als er es wieder einmal aus zeitlichen Gründen wegliess, verunfallte er. Ihm passierte dabei wenig, seine Frau aber wurde mittelschwer verletzt. Er machte sich nun grosse Vorwürfe und meinte, dies sei nur geschehen, weil er am Morgen nicht gebetet habe; so quasi als Strafe. Dann aber wäre das Gebet ein Mittel, um Gott gnädig zu stimmen, wie das in früheren Kulten mit den Opfern gehandhabt wurde.

Unter dem Gebet verstehe ich etwas anderes. Ich erzähle Gott, was mich bewegt, was mir auf dem Herzen liegt, was mich freut oder belastet, was mir Angst und Sorgen macht. Es braucht da nicht viele Worte, manchmal gar keine. Hören wir, was Jesus selbst dazu gesagt hat:
«Wenn ihr betet, dann leiert nicht Gebetsworte herunter wie es in heidnischen Kulten geschieht. Sie meinen, sie könnten bei Gott etwas erreichen, wenn sie viele Worte machen. Ihr sollt es anders machen. Euer Vater weiss, was ihr braucht, bevor ihr ihn bittet.»[51)]

Das «Euer Vater weiss, was ihr braucht», hat ein Ehepaar in einer menschenleeren Gegend erlebt.

Der Ingenieur und seine Frau wollten von Akaba aus das heute touristisch sehr bekannte Wadi Rum in Jordanien besuchen. Dieses liegt in einer wilden Steinwüste, wo der mit sieben Oscars und vielen anderen Auszeichnungen preisgekrönte Film «Lawrence von Arabien» 1962 gedreht wurde. Als sich das Ehepaar vor vielen Jahrzehnten aufmachte, um jene Gegend zu erkunden, traf man dort kaum andere Touristen an. Mit ihrem Renault R 5 fuhren sie los. Die Strasse war holprig und voller Schlaglöcher. Mitten in der heissen Wüste knackste es, und der

Wagen blieb stehen. Ein Augenschein unter die Motorhaube zeigte, dass das Gaspedalkabel gerissen war. Der Ingenieur berichtete: «Es gab keine Chance mehr, selber weiter zu fahren und so schoben wir das Auto zur Seite, beratschlagend, was nun zu tun wäre. Werkzeug befand sich nicht im Auto und unser Wasservorrat betrug nur noch wenige Deziliter. Weder nördlich noch südlich, weder östlich noch westlich war irgendetwas zu sehen, von dem man hätte Hilfe erhoffen können. – Alles nur Wüste und Steinriesen! Ratlos standen wir mitten in der Einsamkeit der Wüste unter der glühenden Sonne. ‹Was, wenn in dieser verlassenen Gegend niemand vorbeikommt?›, fragten wir uns.

Nach einer knappen halben Stunde des hilflosen Umherstehens, kam plötzlich aus dem Nichts ein Toyota-Utility daher gefahren und stoppte unaufgefordert. Der Fahrer trug eine hellbraune Wüstenuniform und um den Kopf das rot-weisse Tuch mit einer Medaille des jordanischen Königreiches. Entweder war er von der Wüstenpolizei oder vom Himmel gesandt worden!

Eine Verständigung war nicht möglich. Aber auch ohne Worte gelang es ihm, mit Werkzeug aus seinem Wagen, den Schaden zu beheben. Er deutete uns, hinter ihm her zu fahren und führte uns bis zur vielbefahrenen Hauptverbindungsstrasse zwischen Amman und Akaba. Dort stieg er aus, nickte höflich, wollte keine Bezahlung annehmen und gab uns das Zeichen zum Weiterfahren. Er selbst fuhr in die andere Richtung davon. Bald sahen wir ihn nicht mehr. Ohne seine Hilfe und die der Engel hätten wir echt ein Problem gehabt, wenn man bedenkt, dass damals kaum je ein Tourist im ganzen Land zu sehen war. Einmal mehr waren wir dankbar für die liebevolle Betreuung durch unsere Schutzengel.»

Ich fragte nach, ob sie damals gebetet hätten. «Nein», wurde mir beschieden, «wir haben uns nicht in den Wüstensand gesetzt und gebetet. Nach knapp einer halben Stunde kam die Hilfe. Einfach so.»

Auch eine Bäuerin erlebte, dass der Vater im Himmel weiss, was notwendig ist, so dass die Not gewendet wird. Wieder lernen wir eine andere Art kennen, wie die unsichtbare Welt kommuniziert und auf Leben einwirkt.

Eine Vision unter einem Apfelbaum – Kapitel 16

Ein heisser Sommertag neigte sich dem Ende zu. Die Sonne sandte ihre letzten Strahlen über den Abendhimmel. Felder, Wiesen und Bäume wurden durch die Abenddämmerung immer schwärzer eingefärbt und verschwanden mehr und mehr in der sich ausbreitenden Dunkelheit der aufziehenden Nacht.

Unter einem Apfelbaum sass eine Bäuerin, müde und traurig. Nicht nur ihre Glieder schmerzten von der vielen Arbeit, auch ihrer Seele ging es nicht gut. Ein mühsamer Tag lag hinter ihr. Doch es lag nicht nur an diesem einen Tag, dass es in ihrem Innern ähnlich dunkel geworden war. Viel hatte sie in ihrem Leben schon durchgestanden und getragen. Sie war müde geworden.

So sass sie unter diesem Baum. Ob mit offenen oder mit geschlossenen Augen, weiss sie nicht mehr. Sie sass einfach da. Vielleicht hat sie gebetet, wahrscheinlich aber nicht. Sie kann sich an kein Gebet erinnern. Aber unvergesslich hat sich ihr eingeprägt, was dann geschah: Sie sah plötzlich einen dunklen Hintergrund, schwarz-violett. Ein senkrechter Balken stand da. Ein Querbalken folgte und wurde auf diesen gelegt. An dessen Enden hing je eine Waagschale. Sie hörte keine Stimme. Es war auch keine Gestalt zu sehen und doch fühlte sie sich aufgefordert, alles auf die linke Waagschale zu legen, was ihr Leben beschwerte: die Schmerzen, die Traurigkeit, die Müdigkeit, die Sorgen um einen geliebten Menschen und das Nicht-verstanden-werden von ihren Mitmenschen. Alles, alles sollte sie drauflegen! Die Waagschale senkte sich schnell ganz nach unten.

Dadurch war die rechte Schale weit oben. Sie war in ein eigenartiges Licht getaucht. Das Licht, das die Schale umhüllte, war nicht wie ein Scheinwerfer aber auch nicht wie der Mond, wenn er einen Hof hat und auch nicht wie irgendeine Lampe. «Obwohl ich es noch immer sehen kann», erklärte sie mir, «ist es kaum zu beschreiben. Es war hell, leicht golden schimmernd, gegen aussen hell-, dann dunkelviolett auslaufend. Auf jeden Fall war es ein einladendes, warmes Bild.

‹Nun leg alles Gute, alle Freude, allen Segen, den du schon empfangen hast und der dir noch verheissen ist, auf die leuchtende Schale.› Wieder vernahm ich diese Aufforderung, ohne eine Stimme zu hören oder jemanden zu sehen. Ich staunte das geheimnisvolle Leuchten an und wusste: Es hat niemals Platz in der Schale, was ich alles schon empfangen habe. Während ich mit Verwunderung in dieses unbeschreibliche Licht schaute, erfüllte mich ein ganz grosses Glücksgefühl. In diesem Glück wurden viele gute Momente für mich wieder gegenwärtig. Es war gar nicht mehr nötig, sie alle auf die Waagschale zu legen», beendete sie ihre Erzählung.

Während es unter dem Apfelbaum mittlerweile Nacht geworden war, brach in ihrer Seele ein neuer Morgen an. So ähnlich wie es im folgenden Lied beschrieben wird:

«Ein heller Morgen ohne Sorgen folget der düsteren Nacht.
Nach Dunkel und Schatten leuchten die Matten, die Flur und der Wald erwacht; des Schöpfers Macht hat Licht gebracht.»[52)]

Viele Monate danach muss sie immer noch staunen: Sobald sie an das Bild denkt, sieht sie wieder dieses seltsame Licht auf der einen Waagschale und wird erneut davon berührt und daran erinnert, wie «unendlich reich ich immer wieder beschenkt wurde, so reich, dass ich es gar nicht fassen kann.» Nichts hatte sich bei dieser Bauersfrau geändert und doch war nach dieser Vision alles anders. Sie empfing, so könnte man sagen, ein neues «Sehen».

Alte Lieder, oft geschrieben in schrecklichen Zeiten, wollen immer wieder zu diesem «neuen Sehen» einen Impuls geben. Wie zum Beispiel diese Liedstrophe:

«Nun danket alle Gott mit Herzen, Mund und Händen, der grosse Dinge tut an uns und allen Enden, der uns von Mutterleib und Kindesbeinen an unzählig viel zu gut bis hierher hat getan.»[53)]

Dieses Lied wurde während des dreissigjährigen Krieges gedichtet (1618 – 1848). In einer Zeit also, in der nicht nur der Krieg unvorstellbares Leid angerichtet hat, sondern in der zugleich Seuchen und Hungersnöte schrecklich wüteten; so dass in gewissen Gegenden mehr als die Hälfte der Bevölkerung gestorben ist.

Dieses «Unzählig viel zu gut», sah die Frau unter dem Apfelbaum, und das veränderte sie. Auch einem jungen Schweizer Paar gingen die Augen auf. Es traf auf einer Reise durch ein südamerikanisches Land einen Knaben an. Die beiden begegneten ihm auf einer Landstrasse abseits der Dörfer und wollten ihm eine Freude machen, indem sie ihm Süssigkeiten anboten. Der Knabe aber fragte: «Haben Sie vielleicht etwas Wasser für mich?» Diese Bitte stellte ihre bisherige Welt auf den Kopf und hinterliess einen bleibenden Eindruck. Auch ihnen wurde das «Unzählig viel zu gut bis hierher hat getan» vor Augen geführt.

Und davon handeln auch die Geschichten in diesem Buch. Manchmal läuft jedoch unserer Meinung nach etwas nicht gut, weil unser Plan aufgrund eines Ereignisses durcheinander gewirbelt wird. Man hat sich dieses oder jenes vorgenommen und jetzt klappt es nicht. Aber könnte es nicht sein, dass, wenn etwas schief läuft, es gerade gut für uns ist? Könnte es vielleicht sein, dass gerade dann Gottes Hand mit im Spiel ist? Mehr davon erfahren Sie im nächsten Kapitel.

Ein geplatzter Termin mit Folgen – Kapitel 17

An diesem Tag lief es wirklich schief. Es schien einer von jenen Tagen zu werden, die man am liebsten so schnell wie möglich vergisst. Er vergass den Wecker zu stellen, was bedeutete, dass der Stress gleich beim Aufstehen begann. Für den obligaten Kaffee reichte die Zeit nicht mehr, sonst hätte er den Zug verpasst. Als er endlich im Abteil sass, merkte er, dass er sein Handy vergessen hatte – wie ärgerlich! So gut es ging, versuchte er sich auf die bevorstehende Sitzung vorzubereiten. Als er bei seinem Kunden eintraf, erfuhr er, dass die abgemachte Sitzung nicht stattfinden könne. Die ganze Hetzerei war umsonst gewesen. Umsonst? Der Geschäftsmann erzählte mir, wie es weiterging:

«Ich habe mich schrecklich aufgeregt und geärgert. Nun hatte ich bis zu meiner nächsten Verpflichtung Zeit und bestieg deshalb nicht sogleich den nächst möglichen Retourzug. Nach einem Kaffeestopp beim Bahnhofskiosk, spazierte ich planlos in der Gegend herum. Ich gelangte in einen Park mit grossen, alten Bäumen und Blumenbeeten. Tulpen blühten in den prächtigsten Farben und die Vögel sangen. Das war mir schon lange nicht mehr aufgefallen, denn ich hatte selten Zeit für solche Spaziergänge. Dann führte der Weg dem Bahngeleise entlang. Plötzlich realisierte ich, dass ich unmerklich an jenen Ort gelangt war, an dem sich vor vielen Jahren meine Mutter das Leben genommen hatte. Ich besuchte damals die Primarschule. Noch nie hatte ich diesen Platz aufgesucht, und jetzt stand ich da. Es berührte mich aber nicht sonderlich. Was hier geschehen war, lag ja schon Jahrzehnte zurück. Zudem war ich immer noch sauer wegen des verpatzten Termins. Noch anderes lief an diesem Tag nicht, wie ich es gerne gehabt hätte.

Müde warf ich mich abends aufs Sofa, wollte nur noch meine Ruhe haben. Aber an Ruhe war nicht zu denken, denn plötzlich sah ich mich wieder an den Bahngeleisen und es kam alles hoch, was damals geschehen war. Ich erinnerte mich an die Besuche in der psychiatrischen Klinik, an das traurige Abschiednehmen, an die Ängste und Ohnmacht in jener Zeit. Und auch an den Tag, an dem es geschah, als Polizisten an der Türe klingelten, eintraten und die schreckliche Nachricht überbrachten.

Ich lag auf dem Sofa, und es schüttelte mich richtig! Ich schrie zu Gott: ‹Wo warst du, als sie dort hin ging und es tat? Wo waren deine Engel? Wo dein Schutz? Warum hast du nicht eingegriffen?› Innerlich schrie ich Gott an. Irgendwann wurde ich dann ruhig. Es wurde seltsam still in mir und um mich herum, als stünde die Welt still. Plötzlich befand ich mich wieder an den Geleisen. Dieses Mal stand ich aber nicht alleine dort. Ich spürte instinktiv: Gott ist bei mir. Ich empfand seinen Schutz als übermächtig und gegenwärtig. Seine riesige Liebe durchflutete mich. Sein mächtiges, strahlendes, helles Licht voller Liebe hüllte auch meine Mutter dort ein; die ganze hässliche Szene des schlimm zugerichteten Körpers war von Gottes hellem Licht erfüllt, eingehüllt, richtig überstrahlt! Und ich erfuhr absoluten Trost... und Heilung. Das Licht war total mächtig, mächtiger als jede noch so dunkle Finsternis. Dann sah ich eine neue Szene. Sein Licht umfing auch die traurigen Kinder, die der Mutter nach dem Besuch in der Klinik so ohnmächtig winkten. Unter ihnen sah ich mich. Zwölfjährig. Es war der letzte Besuch bei ihr gewesen. Alles war in ein absolut helles, strahlendes Licht getaucht. Ich spürte wie dieses Licht und die Liebe jeglichen Schrecken lösten. Jetzt konnte ich loslassen! Gab Gott all die schlimmen Erinnerungen und Bilder. Ich wollte sie nicht mehr, brauchte sie nicht mehr. Dann ‹kehrte› ich wieder in mein Wohnzimmer auf mein Sofa zurück. Lange blieb ich noch liegen, und es kam mir vor, als würde ich in den Armen Gottes und meiner Mutter liegen. Ich fühlte Liebe.

Wäre dieser Termin zustande gekommen, hätte ich den Ort der Erinnerungen nicht gesehen, wäre wieder nach Hause gefahren und diese Heilung hätte noch nicht geschehen können. Zudem ist all dies an einem Dienstag geschehen, und an einem Dienstag ist meine Mutter aus dem Leben gegangen.»

So manches kann plötzlich in einem anderen Licht erscheinen, wenn es aus der Perspektive der unsichtbaren Welt gesehen wird, wie es auch die nächste Erfahrung zeigt.

Sie sah immer wieder dieses Bild vor sich: Ihr Kind im Spitalbett, umgeben von Apparaturen, versehen mit all den Kabeln, Schläuchen und dem schwerstverletzten Kopf mit der grossen Schraube. In der unbeschreiblichen Trauer über den Verlust ihres Kindes, quälte sie dieses Bild zusätzlich. Lange konnte sie nicht mehr beten, wollte es auch nicht. Zu sehr fühlte sie sich von Gott hintergangen. Sie war so wütend auf ihn!
«Der Herr ist mein Hirte, mir wird nichts mangeln.» Auch sie hatte diesen biblischen Spruch einmal gelernt, von dem in Kapitel 13 bereits die Rede war. Während vieler Jahre war er für sie ein Leitvers gewesen. Kam er ihr jetzt in den Sinn, protestierte sie: Doch mir fehlt mein Kind! – Mit solchen oder ähnlichen Bibelsprüchen, die ihr früher ebenfalls viel bedeutet hat-

ten, musste man ihr jetzt nicht kommen. Die einst heilsame Kraft dieser Worte hatte sich ins Gegenteil verkehrt: Sie machten den Schmerz nur noch grösser.

Zum Glück gab es da Menschen aus der Kirchgemeinde, welche ihre Gottesentfremdung aushielten. Sie standen ihr ganz praktisch bei, ohne sie zu etwas zu drängen oder die Gespräche auf Gott, Gebet und Bibel zu lenken. Man half beim Putzen, Einkaufen, im Garten oder wo immer auch Hilfe nötig war. Monate gingen ins Land.

Seltsamerweise machte sich bei ihr plötzlich der Wunsch bemerkbar, den Kontakt zu Gott wieder zu suchen. Beten mochte sie noch immer nicht. Aber sie bat eine gute Freundin, es mit ihr und für sie zu tun. Wieder einmal stand das schreckliche Bild vor ihr. Es tat so weh! Da brach es aus ihr hervor: «Jesus, wo warst du da?!» Dieser Schrei schien einen dunklen Vorhang zu zerreissen. Sie erzählte: «Ich sah Jesus. Er kam durch die Wand des Spitalzimmers als gäbe es dort keine Wand. Er trat zum Spitalbett, blickte liebevoll auf meinen Sohn und öffnete die Arme. Ich konnte mitverfolgen, wie sich mein Kind aufsetzte, Jesus mit strahlenden Augen entgegenblickte, sich von ihm in die Arme nehmen liess und ihm seine Arme um den Hals schlang als würden sie sich längst kennen. Eng umschlungen entschwanden die beiden aus dem Sterbezimmer.»

«Diese Vision», erklärte sie, «nahm nicht die Trauer. Noch heute vermisse ich mein Kind täglich. Aber es erlöste mich von dem schrecklichen Anblick. Auch die Beziehung zu Gott fing sachte an zu heilen, weil ich miterleben durfte, dass er auch in der Stunde des Todes auf mein Kind acht gegeben hat. Aber warum mein Sohn sterben musste, das begreife ich bis heute nicht.»

Dieser Schrei der Mutter, der den dunklen Vorhang zwischen irdischer und himmlischer Wirklichkeit zertrennte und den Blick freigab auf das, was in jenem Spitalzimmer geschah, obwohl man es nicht sehen konnte, erinnert mich an das Geschehen, als Jesus starb: «Doch Jesus schrie noch einmal laut auf und starb. Da zerriss der Vorhang vor dem Allerheiligsten im Tempel von oben bis unten.»[54)] Das Allerheiligste symbolisierte den Ort der Begegnung zwischen Gott und Mensch, zwischen Himmel und Erde, zwischen diesseitiger und jenseitiger Wirklichkeit. Damals durften nur geweihte Menschen diesen Begegnungsort betreten. Ein Prophet mit Namen Joel hat viele Jahrhunderte vor der Zeit von Jesus darauf aufmerksam gemacht, was geschehen wird, wenn der Vorhang im Tempel zerreisst. «Dann», prophezeite er, «wird Gott seinen Geist zu allen Menschen senden. Die Folge wird sein, dass Frauen und Männer aus göttlicher Eingebung reden und dass alte und junge Menschen Träume und Visionen empfangen.[55)]

Deshalb überrascht es mich nicht, dass mir immer wieder Berichte über Träume, Visionen und Eingebungen zugesandt werden. So auch folgender Beitrag, der mir von einer 45-jährigen Geschäftsfrau geschickt worden ist. Sie schrieb mir:

«Ich war damals schwer an Krebs erkrankt. Nach dieser Diagnose habe ich mich völlig auf Gott und das Sterben eingelassen und mich an ihm festgehalten. Dann beschenkte mich der Heilige Geist mit einer grandiosen (wissenschaftlichen) Schau. Gottes Grösse, Allmacht, Heiligkeit und Liebe lösten in mir eine grenzenlose Ehrfurcht aus. Gott ist heilig, heilig, heilig.

Es geschah an einem Abend. Ich besuchte eine Gebetszeit mit ungefähr acht Personen. Als ich den Raum betrat, überkam mich ein Wissen, dass heute Abend Gott zu mir sprechen würde. Beim Gebet schloss ich die Augen. Nach einer Weile wurde vor meinem inneren Auge ein Vorhang zur Seite geschoben. Der Heilige Geist öffnete mir bisher noch verschlossene Türen (Hirnzellen). Ich sah in unendliche Dimensionen. Ich sah die ganze Schöpfung in ihrer Unendlichkeit und Herrlichkeit. Es ist unmöglich, Gottes Wirklichkeit in menschliche Worte zu fassen. Ich habe Gott erkannt und seine alles übersteigende und umfassende Liebe. Der Mensch ist einzigartig geschaffen und ein ganz wichtiges, geliebtes Molekül im Weltall.

Dann führte mich der Geist ins Weltall – ins Universum. Ich sah in alle Sonnensysteme, immer weiter und tiefer. Der Makrokosmos ist phantastisch und unendlich. Ich sah, wie alles zusammenhängt. Es gibt keine Worte, um das zu beschreiben. Der ganze Kosmos ist endlos und doch ist er umfasst von Gott. Ich sah einen ganz kleinen Aspekt von Gott. Ich sah das Licht und bin dabei fast verglüht. Ich erkannte Gott – und begriff die Bedeutung des Menschen. Dann sah ich den Mikrokosmos, der genau so gross und gewaltig und endlos ist wie der Makrokosmos. Das Atom ist ein ganz grosses Raster. Es wird alles immer und endlos kleiner. Dann sah ich meinen Geist-Leib. Dieser gehört bereits zu meinem materiellen Körper. Anschliessend wurde der Vorhang wieder zugezogen, und ich war wieder in meiner begrenzten menschlichen Welt.»

Sie meinte noch: «Obwohl ich mich damals total aufs Sterben eingestellt hatte, überlebte ich den Krebs. Die Krankheit diente dazu, dass ich solch eine tiefe Erfahrung machen konnte.»

Wieder wird ein Vorhang erwähnt, der aufgerissen wurde, was uns zurück zur Jesusgeschichte führt. Jesus blieb bekanntlich nicht im Grab. An Ostern feiern wir jeweils seine Auferstehung. «Auferstehungsgeschichten» finden Sie auf den nächsten Seiten.

Das Lied der Engel – Kapitel 18

Schon über viele Monate war sie stark gefordert worden. Das eigene Geschäft, eine Bäckerei und Konditorei, und die Familie beanspruchten all ihre Kräfte. Wieder einmal war sie bereits seit frühmorgens auf den Beinen, als sie kurz nach dem Mittagessen die Kräfte verliessen. Es wurde ihr so seltsam zumute, und sie konnte sich nicht mehr auf den Beinen halten.

Auf allen Vieren kroch sie die Treppe hinauf in ihr Zimmer. Mit letzter Kraft gelang es ihr, sich aufs Bett zu legen, wo sie sofort einschlief und träumte.

Sie befand sich vor einem dunklen Tunnel. Sie schaute sich um und stellte fest, dass es links und rechts des Tunnels steil hinunter ging. Da war kein Vorbeikommen. «Auch wenn es im Tunnel stockfinster ist», so sagte sie sich, «muss ich da hindurch. Da kann ich wenigstens nicht herunterfallen.» Sie zögerte, denn es war so dunkel im Tunnel, dass man kaum die eigene Hand vor dem Gesicht sehen konnte. Trotzdem wagte sie erste Schritte in das Dunkel hinein. Sie ging vorsichtig und behutsamen Schrittes. Auf einmal hörte sie von irgendwo her wunderschöne Stimmen, begleitet von Musik. Der Gesang war so schön, dass man ihn gar nicht beschreiben kann. Sie schritt weiter durch das Dunkel, und die Stimmen kamen immer näher. Gleichzeitig wurde es im Tunnel heller, als ob der Tag anbrechen würde. Jetzt lief sie schneller und erreichte das Ende des Tunnels. Vor sich sah sie zwei Engel, in der Luft schwebend. Zwei grosse, leuchtende Gestalten in schönen, geschwungenen Kleidern, mit langen, goldleuchtenden Haaren, ihre Arme ausgebreitet, als ob sie die Geschäftsfrau empfangen wollten. In diesem Augenblick erwachte sie.

Das Erlebnis hatte Nachwirkungen. Wochenlang hörte sie in sich das Singen dieser Engel und die sie begleitende himmlische Musik. In aller Arbeitsfülle erklangen die herrlichen, unbekannten Melodien, die sie stärkten und führten.

Auch im nächsten Bericht bewirkt himmlischer Gesang Erstaunliches.
Ihre Beziehung war an einem toten Punkt angelangt. Sie hatten sich immer mehr auseinander gelebt. Die Frau hielt es so nicht mehr aus, sie hatte das Gefühl, so nicht leben zu können. Da träumte sie. Alles um sie herum war Eis. Man muss es sich so vorstellen: Es war, als ob sie in einem grossen Eisblock eingefroren wäre. Sie konnte sich weder rühren noch sich befreien. «Da erklang», schilderte sie mir, «ein wunderbarer Gesang durch den Eisblock, herrlich, bewegend! Der Gesang war neben, über und unter mir. Er senkte sich in mein Herz. Es war, als ob Sonnenstrahlen auf einen Eisblock fallen und ihn allmählich zum Schmelzen bringen. Ich war so berührt. Das Eis fing an zu schmelzen und ich konnte endlich weinen.»

Immer wieder wird davon berichtet, wie solche Erlebnisse nachklingen und unvergesslich begleiten. Auf diese Weise sind auch viele Texte aus der Bibel entstanden; insbesondere die Geschichten um Jesus. Die Erlebnisse mit ihm klangen nach und wirkten weiter. Und erst als jene, die Jesus gesehen, gehört und miterlebt hatten starben, schrieb man sie auf, um die Geschehnisse auch für die nachfolgenden Generationen festzuhalten. Und bis heute verbreiten diese Erzählungen Segen, klingen und wirken nach. Indem man sie liest, richtet man sich selbst im Denken auf die Möglichkeiten der himmlischen Welt aus und taucht in die Faszination und Magie jener Erzählungen ein, so dass die alten Berichte unvermittelt lebendig werden. So ist das auch in einem Spital in unserer Nähe geschehen.

Kurz vor Weihnachten besuchte ein Seelsorger eine ältere Patientin in diesem Spital. Ihr Gesichtsausdruck, ihre Augen, ihre Stimme und ihre Haltung drückten deutlich aus, wie es ihr ging, nämlich miserabel. Sie fand kaum Worte, um zu reden, war einfach nur müde und fühlte sich leer. Obwohl es zu keinem Gespräch kam und sie auch kein Gebet vertrug, war sie für diesen Besuch dankbar.

Wenige Tage nach Weihnachten betrat der Seelsorger das Zimmer wieder. Er traf eine veränderte Frau an, die strahlend und voller Zuversicht war, obwohl noch nicht ganz gesund. Vom Pflegepersonal wurde die Wandlung bestätigt. «Sie ist seit Weihnachten so ganz anders, offen und zufrieden.»

Deshalb wollte der Seelsorger von ihr wissen, was denn über die Weihnachtszeit geschehen sei. Sie erzählte ihm: «Es kam Heiligabend. Ich lag alleine in einem Zweierzimmer und eine grosse Trauer überkam mich. Da fiel mir ein, dass Christus in einem Stall geboren worden war, unbeachtet und verkannt. Während ich über die Geburt im Stall nachdachte, wurde ich daran erinnert: Er ist bei denen, die schwach, einsam und traurig sind. Es war eine Art Erleuchtung, denn bei diesen Gedanken veränderte sich meine Gefühlslage, in mir wurde es hell und leicht. Es kam einfach so über mich. Ich wurde ganz zufrieden und glücklich, fühlte mich gehalten und spürte innere Kräfte. Und ich sagte mir: Jetzt ist es bei mir Weihnachten geworden, ganz ohne Kerzen, Kugeln, Tannenzweige und was sonst noch alles so dazu gehört.»

Es war wie ein Todesurteil – Kapitel 19

An Weihnachten trat ein Engelchor auf. Der ganze Chor sprach:

«Ehre sei Gott in der Höhe und Friede auf Erden unter den Menschen, die Gott liebt.»[56)] Das also ist der grosse Wunsch der unsichtbaren Welt: Frieden. Vertrauen. Gelassenheit. Innere Ruhe.

Diese innere Haltung wird aber durch Ereignisse, die uns Angst machen, bedroht. Das kann zum Beispiel eine lebensbedrohliche Krankheit sein:

«Ich muss Ihnen leider eine schlechte Nachricht mitteilen. Die Untersuchungen haben ergeben, dass Sie Darmkrebs haben.» Mit diesem Bescheid hatte die ungefähr 60-Jährige nie und nimmer gerechnet. Sie fiel aus allen Wolken und sah sich an einem Abgrund stehen. «Ich dachte», sagte sie zu mir, «jetzt ist mein Leben vorbei! – Es war wie ein Todesurteil. Wenige Jahre zuvor war mein Mann an Krebs gestorben. Ich wusste also, was das hiess!»

In ihrer Kindheit hatte sie öfter die Kirche besucht. Ihre Mutter hatte im Gottesdienst auf einem Harmonium die Lieder begleitet. Sie war gerne dorthin gegangen. Dann kam die Familien- und Kinderzeit. Was sie selbst als Kind erlebt hatte, ging in den Verpflichtungen vergessen. Diese Nachricht aber veränderte alles. Sie knüpfte wieder am Glauben ihrer Kinderzeit an. Sie betete viel und hatte den Eindruck, dass ihr das gut tat und dass ihr dadurch geholfen wurde.

Es folgte die Operation. Sechs Monate dauerte danach die Chemotherapie. Da es ihr danach oft elend war und sie eine grosse Müdigkeit verspürte, lag sie viel im Bett. Mit einer Freundin hatte sie abgemacht, dass, wenn alles vorüber sei, sie gemeinsam nach Guadeloupe fliegen würden, um sich zu erholen. Sie war schon einmal dort gewesen, zusammen mit ihrem Mann, und hatte damals die Badeferien an diesen wunderschönen Stränden mit dem glasklaren Meer sehr genossen.

Eines Tages lag sie wieder im Bett und stellte sich vor, wie es in Guadeloupe sein würde. Sie erzählte mir davon folgendes: «Plötzlich war mir, als wäre ich nicht mehr in meinem Bett, sondern am weissen Strand. Im Geist war ich dort. Ich watete ins türkisblaue Wasser und legte mich rücklings auf die Wasseroberfläche, wie ich das beim Baden immer tat. Kopf und Füsse ragten aus dem Wasser. Es schien mir, als ob die Welt stillstehen würde. Eine grosse Ruhe herrschte. Kein Wind, kein Lüftchen, kein Geräusch. Ich blickte zum Strand, sah die Palmen und spürte das Wasser.

Plötzlich war da eine grosse Gestalt in einem langen, beigen Kleid. Sie schien auf meinen Füssen zu stehen, diese zu berühren. Doch ich spürte keinen Druck. Die Gestalt schien schwerelos. Sie schaute auf mich herunter. Über dem Kopf hatte sie einen golden leuchtenden Kranz, ähnlich einem Heiligenschein. Ich schaute zu ihr hinauf. – Dann hörte ich ein Geräusch. Das holte mich wieder in mein Bett und Zimmer zurück.»

Sie fragte sich, was diese Erscheinung wollte, ging in eine Buchhandlung und stiess auf ein Buch mit dem Titel «Wie Engel begleiten» (Seite 190 beachten). Dort las sie, dass Engel immer wieder die Botschaft überbringen: «Fürchte dich nicht, ich bin bei dir!» – «Das ist es!», durchfuhr es sie beim Lesen. Das wollte ihr diese hellleuchtende über ihren Füssen schwebende Gestalt sagen: «Fürchte dich nicht!» Von diesem Moment an dachte sie immer: «Der Engel ist ja da.»

In Bezug auf Botschaften aus der jenseitigen Welt, zitierte ich in einem früheren Kapitel diese Aussage aus einem Buch von Daniel Hell: «Alles entscheidend ist, ob die vermittelte Botschaft für den betroffenen Menschen auch stimmig ist. Stimmig ist sie aber nach Auffassung der Wüstenväter dann, wenn sie beim Vernehmenden eine innere Ruhe bewirkt.»[57)] Das mystische Erlebnis am Strand in Guadeloupe ist dafür ein schönes Beispiel. Da ist in stürmischer Zeit Ruhe und Frieden eingekehrt.

Nicht eine Krankheit war es, die der Person den Frieden raubte, welche mir Nachfolgendes schrieb, sondern das abrupte Ende einer tiefen Freundschaft. Sie schrieb: «Ich habe unglaublich bittere Tränen vergossen. Der ganze Schmerz und die Fragen nach dem Warum überwältigten mich. ‹Wieso wird mir etwas sehr Schönes, lang Ersehntes geschenkt und mir dann nur ein paar Monate später wieder genommen?› – Die pure Hilflosigkeit und Leere und die Erkenntnis, jetzt endgültig loslassen zu müssen, taten einfach nur weh. Später am Abend, als ich mich wieder ein bisschen gefangen hatte, bat ich Jesus, dass er mich jetzt nicht alleine lasse, bat ihn und die Engel, mich auf meinem emotionalen Trampelpfad zu begleiten. Während des Gebets hielt ich meine Hände offen. Auf einmal wurden sie ganz warm und es war ein Gefühl, als ob jemand seine Hände in meine legen würde, ganz zart, mit sanftem Druck. Ich fühlte mich so geborgen und getragen. Seither ist dieser innere Druck weg, diese Unruhe, dieses krampfhafte Verlangen nach meiner verlorenen Freundin. Es werden noch viele Höhen und Tiefen kommen, dieser Weg ist noch nicht zu Ende, aber ich werde ihn nicht alleine gehen müssen.»

Nicht alleine zu sein, das hat auch ein Mädchen erlebt. Es wuchs in einem religiösen Waisenhaus auf. Zu jener Zeit war ein unehelich geborenes Kind noch eine grosse Schande. So hatte es ihr auch ihre Grossmutter gesagt: «Du bist für mich eine Schande, alle im Dorf verachten mich. Geh!» In diesem Heim wurden Kinder zur Strafe ganz alleine auf den Estrich gesperrt. Alle Kinder hatten Angst, wenn sie dort oben etwas holen mussten. Da lebten wahrhaft die Geister, stellten sie sich vor. In dem hohlen Raum knackte das Holz und alle dachten, das käme von den Geistern. Als ihr einmal ein Missgeschick unterlief, musste sie eines Abends den Strohsack vom Bett holen und in den Estrich tragen. Dann wurde sie für die Nacht dort eingeschlossen. Keine Decke wurde ihr mitgegeben, um sich einzukuscheln. Sie litt Todesängste, denn immer wieder hörte sie es knacken. «In dieser absoluten Hilflosigkeit betete ich zum lieben Gott: ‹Wenn es dich gibt, dann nimm mich jetzt in deine Hände und lass mich nie mehr los. Ich will für immer bei dir sein.› Das Wunder geschah. Ich fiel sofort in einen tiefen Schlaf, um erst wieder aufzuwachen, als die Nonne die Tür zum Estrich öffnete. Ich strahlte ihr entgegen, so glücklich darüber, weil ich von den vermeintlichen bösen Geistern in Ruhe gelassen worden war.»

Eingeschlafen ist auch eine Person, deren Situation sehr dramatisch war. Sie erzählte: «Dies ist mir passiert, als ich einmal sehr verzweifelt und am Boden zerstört war. Ich lag am Boden und weinte, und wie der Zimmerboden kalt war, so fühlte sich auch mein Inneres an: kalt und leer. Denn meine Verzweiflung war sehr gross, und ich wollte eigentlich nicht mehr weiterleben. Da hat mir jemand eine wärmende Decke über den Körper gelegt, und ich habe mich gefühlt wie ein Kind bei seiner Mutter; völlig geborgen. Es war aber niemand im Zimmer und die Decke war auch nicht real. Es hat sich einfach so angefühlt. Danach bin ich eingeschlafen und konnte anschliessend meinen Alltag wieder bewältigen.»

Die Aussage «Danach konnte ich meinen Alltag wieder bewältigen», ist beeindruckend. Wir erfahren aus diesen Beispielen, was für eine Ressource solche Erlebnisse sein können. Sie entführen nicht in eine Traumwelt, sind keine Flucht vor der Realität, sondern sind eine konkrete Hilfe, um die Lasten des Lebens tragen und die Realität meistern zu können.

Und wer keine solchen Erlebnisse hat? Für den lassen sich ähnliche Ermutigungen in der Bibel oder auch in Liedern finden. Jedoch sprechen die Himmelswesen nicht allein durch religiöse Texte, Bilder, Gesänge oder Rituale. Alles, was es gibt und was von Gott oder Menschen geschaffen worden ist, kann zur Sprache Gottes werden. Bei Gott gibt es nicht die Spaltung, hier religiös, dort säkular; hier spirituell, dort weltlich. Er kann uns durch Film und Musik, Kunst und kulturelle Anlässe, Tierwelt und Natur, Werbeplakate und Gratiszeitungen oder vieles andere ansprechen.
Auch das Kreuz, um das es im nächsten Kapitel geht, war ursprünglich kein religiöses Symbol.

Das Kreuz und die Kraft – Kapitel 20

Viele Menschen tragen als Schmuckstück ein Kreuz um ihren Hals. Es erinnert an Karfreitag. Eigentlich an ein sehr tragisches, schreckliches Ereignis voller Gemeinheiten, Intrigen, Qualen aber eben auch voller Liebe. In diesem Ereignis fühlen sich viele leidende Menschen verstanden. Da hing Jesus am Kreuz, dem Geschehen hilflos und machtlos ausgeliefert, alleine. Er hatte dasselbe Gefühl, wie es so manche in schrecklichen Situationen haben: von Gott vergessen und verlassen zu sein. «Mein Gott, mein Gott, warum hast du mich verlassen?», schrie er.[58)] Diese Erfahrung macht ihn für viele Menschen vertrauenswürdig, so dass sie sich gerne an ihn wenden und ihm nachfolgen. Zum Karfreitag, zu Kreuz und Kraft sind mir folgende Erfahrungen zugesandt worden:

Eine Person, die eine lange, schreckliche Leidenszeit durchstehen musste erzählte mir: «Der Karfreitag ist für mich der stärkste, leidvollste, zugleich aber auch der am meisten von Liebe erfüllte Tag im Jahr. Dass ich all das Schwere in meinem Leben überwunden habe, verdanke ich dem immer wiederkehrenden Karfreitag. Seine Leidensgeschichte hat mich tief geprägt und berührt. Schon als kleines Mädchen, wenn ich ganz verlassen im Verlies ausharrte, stellte ich Vergleiche her. Ich sprach ganz bewusst mit meinem Heiland, was er alles aus Liebe zu uns Menschen ertragen und erleiden musste. Seine Geschichte ist viel schlimmer, dachte ich. Meine Schläge mit den Striemen und den blauen Flecken waren seine, als man ihn in der Karwoche aufs Schwerste misshandelte und bespuckte. Was für eine Demütigung er auf sich nahm! Die Vergewaltigungen, die ich erlebte, sind seine, da man seinen Körper mit Gewalt zu seinem Tode führte. Was für eine Liebe! Meine weiteren Schicksale sind seine, als er das schwere Kreuz auf sich nahm, um uns Menschen mit seiner grossen Liebe zu erlösen und uns damit immer wieder Kraft und Energie zu geben. Ohne seinen gütigen Vater und seine hilfreichen Engel wäre er wohl verzweifelt. Auch seine verzweifelte Mutter Maria, die all das mit ihrem Sohn durchlitt, verehre ich sehr. Im kindlichen Glauben nahm ich meinen Heiland als Vater und Maria als meine Mutter in mein Herz. Weil ich keine Eltern hatte, waren sie meine geistigen Eltern. Dies gab mir die enorme Kraft, die Energie, den Glauben, die Hoffnung und die Liebe in all den Jahren bis heute.»

Auch um dieses Kreuz und seine Kraft geht es in der nächsten Geschichte:
«Die ganze Familiensituation belastete mich sehr. Die Spannungen zwischen Vater und Sohn waren kaum auszuhalten. Zwar weilten wir jetzt in den Skiferien und wollten uns eigentlich gemeinsam erholen. Doch von Erholung war keine Spur. Wie ein schwerer Stein lastete alles auf mir, als ich mich abends in der Ferienwohnung zu Bett legte. Mit dem Gedanken: ‹Wie soll das nur weitergehen?›, schlief ich ein.

Frühmorgens, als noch alles finster war, erwachte ich und sah vor mir ein riesiges Bergmassiv. Es war so gewaltig, wie ich das noch nie gesehen hatte. Vor diesem mächtigen Felsgebilde aber stand ein Kreuz. Es war, als hätte es sich vor den Berg geschoben. Breit war der Querbalken und lang der senkrechte. So lang, dass er die Bergspitze überragte. Der Horizont oberhalb des Berges aber war glänzend hell, hell wie die Sonne. Bis in dieses Licht hinein ragte das Kreuz. Das Licht beleuchtete alles.

Vom lichtumstrahlten Kreuz ging eine grosse Kraft aus. Es schien mir, als würde ich von dieser Kraft aufgeladen. Ich fühlte mich, als wäre ich eine Art Batterie. Das Bild verschwand. Als das Bild verschwunden war, waren auch meine schweren, belastenden Gedanken verschwunden. Es war alles weg, hatte sich aufgelöst. Wie aus der Welt geschafft. Sobald ich die Augen schliesse, sehe ich das Bild wieder vor mir.»

Wir sehen einmal mehr, wie sich manchmal Situationen verändern können, obwohl sich faktisch nichts verändert hat. In der nächsten Geschichte aber hat sich tatsächlich etwas Erstaunliches zugetragen und unmöglich Scheinendes wurde möglich. Eine Frau aus einem Nachbardorf erzählte:

«Mein Mann starb an einen Karfreitag. Er war schwer herzkrank gewesen. Ein, zwei Tage nach der Beerdigung ging ich auf sein Grab. Eine riesige Schale mit fünf Hortensien war dort. Die Schale überdeckte das ganze Urnengrab. Nein, so konnte und wollte ich die Schale nicht stehen lassen. Ich versuchte, sie weg zu ziehen. Da es geregnet hatte, war sie tief eingesunken und die Erde hatte sich mit Wasser vollgesogen. Es klappte nicht. Drei Mal zog und zerrte und rüttelte ich an der Schale, doch sie liess sich nicht bewegen. Enttäuscht sagte ich vor mich hin: ‹Tut mir leid, aber es geht nicht.› Eigenartigerweise drängte mich etwas, es doch noch einmal zu versuchen, was ich dann tat. Zu meinem grossen Erstaunen war die riesige, schwere und wasserdurchtränkte Schale nun plötzlich federleicht wie ein kleines Paket und liess sich problemlos auf die Seite stellen. Es berührt mich heute noch, wenn ich es erzähle. Das Erlebnis grub sich tief in meine Erinnerung ein. Das Gefühl kann man gar nicht beschreiben, das ist in einem drin. War es die Kraft meines Mannes? War es ein Engel?»

Ich machte sie darauf aufmerksam, dass auf einem anderen Friedhof Menschen Ähnliches erlebt hatten. Jesus wurde bekanntlich in einer Gruft begraben. Diese wurde mit einem riesigen, schweren Stein verschlossen. Als die Frauen am Sonntagmorgen zum Grab wollten, um Jesus einzubalsamieren, machten sie sich Sorgen darüber, wer für sie den schweren Stein beiseite schieben würde. Doch die Sorgen waren unnötig. Ein Engel hatte das bereits getan und erwartete sie.[59)]

Wenn nur die Sorgen nicht wären. Macht euch keine Sorgen und quält euch nicht mit Gedanken an morgen. Mit solchen und ähnlichen Worten ermutigte Jesus seine Mitmenschen. Er meinte: «Es genügt, dass jeder Tag seine eigene Last hat.»[60)] Wenn es nur so einfach wäre, sich von Sorgengedanken zu befreien. Manchmal kleben sie an einem wie ein Kaugummi, auf den man getreten ist. Aber versuchen sollten wir es immer wieder, uns dem «Jetzt» zuzuwenden und nicht im Morgen oder Übermorgen zu leben. Oft wird es ja tatsächlich nicht so schlimm wie man es sich in den Sorgengedanken vorgestellt hat.

Obwohl wegen Verdachts auf einen Bandscheibenvorfall eine MRI-Untersuchung bevorstand, hatte sie sich keine Sorgen gemacht, denn sie arbeitete selbst an diesem Gerät. «Hunderten von Patienten habe ich schon beruhigend erklärt, dass in dieser Röhre ganz sicher nichts passieren kann. Es ist zwar laut und eng, deshalb bekommt man aber einen Gehörschutz. Doch dann passierte es genau bei mir: Es war so peinlich! Ich bekam einen Panikanfall mit Schweissausbruch und Herzklopfen. Auf gar keinen Fall wollte ich den Knopf zum Unterbrechen drücken und nochmals alles von vorne beginnen lassen. So betete ich verzweifelt: ‹Jesus Christus, bitte, jetzt musst du mir helfen!› Augenblicklich ertönte in meinem Inneren das Mozart-Requiem. Ich hörte es laut, deutlich und wunderschön. Als der Schlitten wieder hinausfuhr, sang der Chor in meinem Ohr gerade das ‹Tuba mirum›. Ich bedauerte sehr, dass es schon vorbei war, denn ich hätte gerne noch weiter zugehört.»

Welch wundersame Wirkung ein Gesang entfalten kann: Er beruhigt und entspannt, wie das Beispiel eben gezeigt hat.

In diesem Buch reden wir von Wundern. Beim Begriff «Wunder» denkt man meistens an etwas Aussergewöhnliches, Spektakuläres. Ist nicht auch der Gesang ein Wunder? Ist es nicht ein Wunder, dass wir singen und musizieren können? Wie oft haben das Singen und die Musik schon in dunklen Stunden geholfen oder haben Tränen ausgelöst, so dass Schmerz und Ängste sich lösen konnten. Das zeigt auch das nächste Beispiel:

«Mit siebzehn Jahren bekam ich die niederschmetternde Nachricht, dass ich wegen des zu intensiven Tanzunterrichts und wegen falscher Schuhe in der Kindheit vermutlich über kurz oder lang den Rollstuhl benützen müsse. Das war zuviel für mich. Ich brach zusammen und sah nur noch Dunkel. Eines abends im Bett, nach den schlimmsten Gedanken, begann in meinem Kopf eine wunderschöne Musik zu spielen. Zuerst ganz leise, dann immer lauter, bis zum Orkan über längere Zeit, dann wieder leiser werdend und vor allem sehr sanft, tröstend. Etwa fünf Mal durfte ich diese Musik hören. Sie war ein riesiges Geschenk und hat mich getröstet, gestärkt und aufgemuntert.»

Eine Organistin, welche sehr Schmerzvolles erlebt hat, schrieb mir: «Meine Therapie war das morgendliche Orgelspiel. Es war wie ein Morgengebet ohne Worte.»

Wie oft hat eigenes Musizieren und Singen oder Musik und Gesang anderer Mut gemacht oder man konnte dadurch einfach der Freude Ausdruck verleihen. Auch die Engel singen! Ich erinnere an das Kapitel 18 mit dem Titel «Das Lied der Engel». Dort schildere ich, wie eine Bäckersfrau einen wunderschönen Engelsgesang hört, der sie aus einer Krise befreit und von dem sie noch lange getragen und beflügelt wird.
Auch in der Bibel wird das Singen gross geschrieben. Sie enthält ein Gesangbuch mit 150 Liedern, genannt «Psalmen». Mehrfach wird in der Bibel aufgerufen: «Singt!», wohlwissend, welch gesunde Wirkung Gesang und Klang haben können. Dem wohl unter depressiven Verstimmungen leidenden König Saul führte man jeweils einen Harfenspieler zu, wenn es ihm schlecht ging.[61)] Einen Harfenspieler liess auch der Prophet Elisa kommen. Das Harfenspiel half ihm, sich auf Gott auszurichten, in Stille zu versinken und Eingebungen zu empfangen.[62)] Beten heisst eben nicht nur reden. «Beten heisst stille werden», schrieb der Dichter, Philosoph und Mystiker Sören Kierkegaard. «Still sein und warten, bis der Beter Gott hört.»[63)] Um in diese hörende Stille zu gelangen, kann Musik, Gesang und Klang eine Hilfe sein, wie uns das Beispiel des Propheten Elisa lehrt.

Einst sass eine Frau in unserer Kirche, die das Gotteshaus häufig besuchte. Sie erzählte mir, was sie dabei erlebt hat: «Als ich so da sass und nach vorne schaute, wusste ich plötzlich, da steht ein Engel hinter den beiden Stühlen bei den hohen Kerzenständern. Ich konnte ihn nicht mit meinen Augen sehen – wusste aber einfach, da steht er! Ich fragte: ‹Was macht dieser Engel da?› Der Geist in mir sagte: ‹Er schreibt.› Ich fragte zurück: ‹Was schreibt er denn?› Ich hörte als Antwort: ‹Er schreibt mit Tönen auf die Herzen. Ich kann mit Tönen schreiben.›»

Was für ein schöner Gedanke. Im vorherigen Kapitel habe ich darauf hingewiesen, dass Gott durch alles sprechen und berühren kann. Dies wird durch die Aussage bestätigt: «Ich kann mit Tönen schreiben!»

Eine Frau, die eines ihrer Kinder verloren hat, konnte wieder einmal nicht schlafen. Sie nahm die Bibel und schlug diese wahllos auf. Ihr Auge fiel auf Psalm 150. Es ist das letzte Lied im Gesangbuch der Bibel. Was las sie?

«Hallelujah. Lobt Gott in seinem Heiligtum, lobt ihn mit ...» Dann werden verschiedene Instrumente aufgezählt. Das Lied endet: «Lobt ihn mit klingenden Zimbeln, lobt ihn mit schallenden Zimbeln. Alles, was Atem hat, lobe den Herrn.» Sie schlug die Bibel wieder zu. Zum Loben war ihr nicht zumute. Einige Zeit später nahm sie an einem Trommelkonzert teil, an dem verschiedene Rhythmen gespielt wurden. Unter den Instrumenten waren auch Zimbeln. Sie sagte: «Das löste etwas in mir aus. Es ging tief hinein.» Wir sehen, Gott kann mit allem Möglichen «in unser Herz schreiben»!

Kehren wir nochmals zum Singen zurück, denn darum geht es im nächsten Kapitel.

Das wiedergefundene Singen – Kapitel 21

Sie sang in keinem Chor, denn in der Schulzeit war ihr gesagt worden, sie solle Blockflöte spielen statt zu singen, das sei besser. Doch eigentlich wollte sie immer singen. Auch mit ihren Kindern sang sie viel. Wegen eines traumatischen Erlebnisses konnte sie dann nicht mehr singen. Es kamen «die Löcher mit den Depressionen, bis zum Stimmausfall beim Singen.» Auch wenn sie wollte, ging es nicht mehr, die Stimme versagte. Trotz seelsorgerlicher und psychiatrischer Unterstützung plagten sie Suizidgedanken. Angstzustände überfielen sie, und sie kam sich vor wie in einem tiefen, schwarzen Loch. Schreckliche Träume, die sie «kalte Träume» nannte, quälten sie. In jener schweren Zeit zog sie sich viel in die Stille und Einsamkeit der Berge zurück. Besonders gerne verweilte sie in einer sehr kleinen Kapelle, zu der sie sich immer wieder hingezogen fühlte. In jenem Gotteshaus sind die wenigen Stühle so angeordnet, dass die Stuhlreihen bis zur Wand reichen und man sich lediglich vom Mittelgang her setzen kann. Wie in einem Konzertsaal stehen die Reihen hintereinander.

«Wieder einmal suchte ich diesen Ort auf», erinnerte sie sich. «Ich war in ein Gebet vertieft, als sich ein freundlicher, älterer Herr neben mich setzte. Ich war verblüfft, denn man hört es, wenn jemand herein kommt, da die Türe beim Öffnen und Schliessen laut knarrt. Und wie kam er auf den Stuhl direkt neben mir und der Wand? Er war zu alt, als dass er hätte über die Stühle steigen können. Oder habe ich mich tatsächlich neben einen fremden Mann gesetzt, wo doch alles frei war und sich kein Mensch sonst in der Kapelle befand? Normalerweise halte ich in solchen Momenten meinen Rucksack fest und bleibe distanziert, zwar freundlich, aber wachsam und zurückhaltend. Nicht jedoch bei diesem Mann. Er lächelte gütig und sehr vertrauenswürdig. Lange sprachen wir ungezwungen miteinander über Gott und die Welt. Das Gespräch tat mir enorm gut. – Müssig zu erzählen, dass dieser Mann genauso unerklärlich verschwand, wie er gekommen war. Natürlich befand ich mich damals psychisch in einem Ausnahmezustand. Zu erwähnen wäre, dass sich mein Leben von da an langsam aber stetig wieder zum Positiven wendete und ich einen Glaubensweg einschlagen durfte, den ich mir so vorher nie hätte träumen lassen. Kann es sein, dass das wahrhaftig ein Engel war? Nach diesem Erlebnis gelang es mir allmählich wieder zu singen. Und es kam der Mut, es wirklich zu lernen. Ich besuchte eine Singwerkstatt, suchte dann eine Gesangslehrerin auf und singe heute in mehreren Chören.»

In Bezug auf ihre spirituellen Bedürfnisse meinte sie: «Mittlerweile muss ich sagen, dass ich gar nicht mehr viel anderes brauche, Gott und die Bibel genügen. Das tönt vielleicht alles recht banal und unausgereift, aber es ist halt mein Weg; und nicht mehr und nicht weniger. Und wie unterschrieb Bach seine Werke? ‹Soli Deo Gloria!› – Allein Gott die Ehre.»

Bei der Aussage «Es ist halt mein Weg», wurde ich an folgenden Spruch erinnert, den ich einmal gelesen habe: «Gehe deinen eigenen Weg! Alles andere ist Irrweg.»[64)]

Auch im nächsten Bericht geht es um das Singen:

Sie war eine begeisterte Jodlerin. Nun lag ihr Vater im Sterben. Weil sie aus dem Pflegebereich kam, konnte man es ihm mit

Hilfe anderer Angehöriger und Bekannter ermöglichen, zu Hause zu bleiben. Er konnte nicht mehr sprechen, sich kaum mehr bewegen. Alle, die ihn betreuten, wurden sehr beansprucht und kamen an ihre Grenzen. Sie erzählte: «Wir liefen alle auf dem letzten Zacken! Dank vielen, vielen Gebeten, dank Gesprächen, dank Engeln, auch in Menschengestalt, haben wir es geschafft. Vaters Zufriedenheit und sein Strahlen, das er uns entgegenbrachte, half uns und gab uns Kraft in allen Situationen. Aber dennoch: Auch wenn man an die Ewigkeit glaubt, ist das Sterben nun wirklich nicht einfach! Wir waren zwar so froh und erlöst, als er es geschafft hatte aber auch tief traurig. Es war ein Freitag, als wir ihn zu Grabe trugen. Am Sonntag danach sollte ich im Münster einer Schweizer Grossstadt mit dem Jodelclub die Jodlermesse singen. Ich war zweite Jodlerin, da darf die Stimme nicht versagen. Ich hatte Angst davor. Immer fragte ich mich, ob ich das durchstehen könnte? Meine Kameraden und die erste Jodlerin versuchten mich zu trösten. Wir stellten uns in der Kirche auf und ich dachte: ‹Vater, du bist jetzt im Himmel angekommen. Schau auf mich. Ich singe für dich! Ich bin traurig im Herzen und trotzdem froh, dass du es geschafft hast.› Es war der gleiche Sonntag, an dem in der Kirche seines Wohnortes sein Sterben verkündigt wurde. Wir stellten uns vorne im Münster auf. Ich stand da, schaute geradeaus, und in grosser Distanz sah ich ein Kirchenglasfenster mit der Gestalt von Jesus. Während ich auf das Glasfenster schaute, kam Jesus immer näher zu mir und mit ihm ein Leuchten und eine Wärme, bis ich das Gefühl hatte, das Bild sei direkt vor mir. Es leuchtete für mich und gab mir so viel Kraft. Ich durfte so schön singen. Niemand hat etwas gemerkt. Ich hatte eine tiefe Ruhe in mir. Für mich war das ein Wunder. Ich war wirklich umgeben vom heiligen Geist, ja, von Engeln. Ich werde das nie vergessen!»

Mir kam zu den obigen Geschichten ein Taufspruch in den Sinn, den ich kürzlich las: «Du sollst gesegnet sein und blühen im Sonnenschein und alle Zeit den Deinen als Gruss von Gott erscheinen.»

Wie gut ist es, wenn solche Erlebnisse nicht vergessen werden. Manchmal gehen sie im Lärm des Alltags und der Fülle der täglichen Aufgaben verloren. Oft bleiben die negativen Geschehnisse viel stärker an uns haften und beschweren das Leben. Erlauben Sie mir die Frage: Sind Sie schon einmal Ihrem Lebensweg nachspaziert, um all die Perlen und Goldstücke zu sammeln, die auf diesem Weg liegen? Perlen und Goldstücke in Form von wundervollen Erlebnissen. Achten Sie dabei nicht nur auf aussergewöhnliche Erfahrungen. Jene Person, welche das Singen verloren hatte, schrieb mir noch: «Zusammenfassend sind es kleine, unscheinbare Dinge, die mich auf meinem Weg begleiten und Menschen (Engel?), die mir zur richtigen Zeit begegnen.»

Jemand sagte einmal: «Die Welt ist voll von kleinen Wundern. Die Kunst besteht darin, sie zu sehen und eine Auge dafür zu haben.»

Kennen Sie die Geschichte der Bohnenfrau? Oder war es ein Bohnenmann? Das weiss man nicht mehr so genau. Doch bleiben wir einmal bei der Frau. Man erzählt, dass einmal eine alte, sehr zufriedene Frau lebte. Von vielen wurde sie beneidet, weil sie eine echte Lebenskünstlerin war.

Diese alte Frau verliess ihr Haus niemals ohne eine Handvoll getrocknete, weisse Bohnen mitzunehmen. Sie steckte sie einfach in die rechte Tasche ihrer Jacke. Jedes Mal, wenn sie tagsüber etwas Schönes erlebte – den Sonnenaufgang, das Lachen eines Kindes, eine kurze Begegnung, ein gutes Mahl, einen schattigen Platz in der Mittagshitze – nahm sie dies ganz bewusst wahr, freute sich darüber von Herzen und liess eine Bohne von der rechten Tasche in die linke gleiten. War das Erlebnis besonders schön und gar überraschend, wechselten zwei oder drei Bohnen die Seite. Abends sass die alte Frau dann zu Hause und zählte die Bohnen aus der Tasche. Sie zelebrierte dies geradezu und führte sich so vor Augen, wie viel Schönes ihr an diesem Tag widerfahren war. Und auch an einem Abend, an dem sie bloss eine Bohne zählen konnte, war der vergangene Tag ein gelungener Tag – es hatte sich zu leben gelohnt.[65)]

In diesem Sinn gibt es auch ein schottisches Volkslied:

Das Glück der Welt ist oft so klein,
dass man es übersieht.
Es kann wie eine Blume sein,
die im Verborgenen blüht.

Ein schöner Tag, ein liebes Wort
Ein Licht, das froh dich macht.
Ein Stern, der hell am Himmel strahlt
In einer Sommernacht.

Das erste Blatt an einem Baum,
ein bunter Schmetterling,
die Freude über einen Traum,
der in Erfüllung ging.

Ein zarter Blick, ein leises Du,
das dir die Liebe schenkt.

Die Treue, die ein Mensch dir hält,
wenn niemand an dich denkt.

Das Glück der Welt ist oft so klein,
dass man es übersieht.
Es kann wie eine Blume sein,
die im Verborgenen blüht.[66)]

Vom Glück der Welt und von solchen Bohnenerlebnissen handeln die nachfolgenden Geschichten.

Das weinende Mädchen und der Lichtstrahl – Kapitel 22

Eine Mutter liess mir diesen Bericht zukommen:

«Meine Tochter war damals neun Jahre alt und ging auswärts zur Schule. Es war ein kalter, regnerischer Novembertag. Wir vereinbarten, dass ich sie an einer bestimmten Bushaltestelle abholen würde. Pünktlich wartete ich am Treffpunkt. Doch da war keine Tochter. Sie hatte es verpasst, auszusteigen und war eine Station weitergefahren. Ich suchte sie wohl ganze zwei Stunden lang und fuhr betend hin und her zwischen dem Treffpunkt und dem Weg, der nach Hause führte. Es gab da weder einen Fahrradweg noch Strassenlampen.

Als ich mich entschlossen hatte, nach Hause zu fahren, um einen befreundeten Feuerwehrmann um Hilfe zu bitten, kam vom Himmel her ein Lichtstrahl, und in diesem Lichtkegel stand meine weinende Tochter. Sie erzählte mir dann, dass ich schon einige Male an ihr vorbeigefahren sei und sie mir gewunken habe, ich sie aber aufgrund der Dunkelheit nicht sehen konnte. So war sie, begleitet von Engeln, gegen zehn Kilometer am Rand der gefährlichen und viel befahrenen Strasse gelaufen. Wie erleichtert war ich doch, meine Tochter so gesund und wohlbehalten wieder gefunden zu haben.»

Gottes Lichtstrahl – ein Gruss aus dem Himmel, Zeichen seiner Präsenz wie auch das nächste Erlebnis dokumentiert.

«Ich bin mit einer jungen Frau im Wald spazieren gegangen. Wir haben einander einfach erzählt, was Gott in letzter Zeit

Gutes in unserem Leben gewirkt hat. Nach ungefähr einer Stunde blieben wir an einer Stelle im Wald stehen. Wir hielten uns im Schatten auf und die Sonne konnte uns nicht erreichen. Während wir in all dem Guten verharrten, welches wir erlebt hatten, wurden wir plötzlich eingehüllt in einen warmen Strahl. Es war wie ein Spotlight vom Himmel her. Einfach herrlich warm und voller Frieden. Wir konnten beide eine ganze Weile lang nicht reden und wollten diesen Platz nicht mehr verlassen.»

Solche Berührungen haben es in sich, dass Menschen gestärkt und ermutigt werden, da ihnen die Boten Gottes signalisieren: Wir sind da. Im Grunde handelt es sich um nichts anderes als Bestätigungen für das, was von Jesus versprochen worden ist. «Seid gewiss: Ich bin bei euch alle Tage bis an der Welt Ende.»[67) Darum geht es auch in den nächsten Beispielen.

Eine Frau berichtet:

«Ich erwachte mitten in der Nacht, fühlte mich verspannt und unruhig und konnte nicht mehr einschlafen. Da erklang aus meinem Innern ein Fetzen einer Liedstrophe: ‹Denke daran, was der Allmächtige kann, der dir mit Liebe begegnet.›[68) Ich nahm diesen Impuls auf und sprach mir dieses Liedfragment zu, bis sich Körper und Seele entspannten und ich nochmals kurzen Schlaf fand. Später am Tag machte ich mich auf die Suche nach diesem Lied, das mir nicht so geläufig war. Schon viele Wochen liegt dieses Erlebnis nun zurück. Immer wieder werde ich daran erinnert: ‹Denke daran, was der Allmächtige kann›. Es beruhigt und entspannt mich und macht manches leichter.»

Sich leicht fühlen in allem Schweren, das einem im Leben auferlegt wird, das ist nicht immer möglich, denn Schweres ist eben schwer. Schmerzen sind eben Schmerzen, und all die Personen, von denen bisher gesprochen wurde, sind wieder in schwierige Situationen geraten. Das Unsichtbare nimmt oft die Lasten nicht ab, aber es werden immer wieder die Schultern gestärkt. Im Grunde sind solche nicht alltäglichen Erlebnisse, von denen in diesem Buch berichtet wird, Ermunterungsrufe: Mach weiter, geh weiter, gib nicht auf! Verlier‘ nicht den Mut und lass dich nicht unterkriegen!

Eine solche Ermutigung empfing eine Person in einem Traum. Sie war zu Besuch bei ihrer Freundin und sagte zu ihr: «Ich weiss beruflich einfach nicht weiter und habe keine Ahnung, was ich machen soll.» In der Nacht nach diesem Gespräch träumte sie. Sie schilderte den Traum so: «Ich sah einen Engel. Er hielt seine Arme ausgestreckt und schützend über mich. Er sprach kein Wort. Dann löste sich seine Figur allmählich vom Kopf bis knapp unter die Knien auf. Für einen kurzen Moment blieben allein seine Wadenbeine und seine Füsse sichtbar. Dann verschwanden auch sie. Ich erwachte mit diesen Gedanken: Du brauchst nicht die ganze Übersicht über deine Situation, sondern wage einen kleinen Schritt. Du bist nicht allein. Meine Füsse schenke ich dir, damit du gehen kannst.»

Von ähnlichen Ermutigungen ist in der Bibel häufig zu lesen. So hörte zum Beispiel eine Führerpersönlichkeit, die vor einer gewaltigen Herausforderung stand, Gott zu sich sagen:

«Sei tapfer und entschlossen. Lass dich durch nichts erschrecken und verliere nie den Mut, denn ich, der Herr, dein Gott, bin bei dir, wohin du auch gehst.»[69)]

Entschlossen sein und mutig einen Entscheid fällen! Davon ist in der nächsten Geschichte die Rede. Eine Frau mittleren Alters berichtet:

«Da ich am Vormittag noch bei einer Fortbildung gewesen war, bereitete ich schon mal das Mittagessen vor, damit es nachher umso schneller gehen konnte. Ich beschloss, unter anderem Spiegeleier zu machen. – Wir bekamen noch am gleichen Tag die Auswirkungen der Salmonellen zu spüren. Am schlimmsten hatte es mich erwischt. Im zwei bis fünf Minutentakt sass ich auf der Toilette. Unser Hausarzt kam einmal vorbei, war sich aber nicht sicher, ob der Durchfall durch Salmonellen verursacht wurde, da es mir nie schlecht war. Nach drei Tagen war ich so ausgetrocknet, dass ich nicht mehr auf die Toilette musste. Sprechen konnte ich auch nicht mehr. Mit viel Einfallsreichtum konnte ich meiner Familie noch mitteilen, dass ich ärztliche Hilfe brauchte. Während das Krankenauto kam, hatte ich ein interessantes Erlebnis. Ich ging auf einer grünen Wiese einem Bach entlang spazieren. Neben mir ging jemand, der mich bei der Hand nahm und führte. Nie sah ich dieses Wesen, und es sprach auch nicht. Es nahm mich nur fest an der Hand, und so gingen wir des Weges. Ich fragte dieses Wesen, wie es hiesse – aber es kam keine Antwort. Dann sagte ich zu ihm, dass ich doch noch einen Mann und zwei Kinder habe. Die Hand liess mich los. Ich stand da und musste mich entscheiden. Ich ging zurück. Als ich später gesund war, dachte ich an mein Erlebnis. Für einen Traum war das Ganze sehr phantasielos. Ich persönlich bin überzeugt, dass es ‹mein Engel› war. Dieses Erlebnis hat mich in meinem Glaubensleben sehr viel weitergebracht.»

Glaubensleben? Was ist wohl damit gemeint? Die Person meinte: «Es hat mich in der Gewissheit bestärkt, dass ich begleitet bin und mich auf Gott verlassen kann.»

Um das nächste Beispiel einzuleiten, greife ich nochmals auf die oben erwähnte Liedstrophe zurück: «Denke daran, was der Allmächtige kann, der dir in Liebe begegnet.»

Sie hatte einen Glauben. Doch dieser Glaube hatte nicht die Liebe Gottes als Basis. Wie sie mir sagte, «war es ein Glaube aus Angst vor der Hölle.» Ihrem Enkel zuliebe begleitete sie ihn zur Kirche, denn während seiner Vorbereitungszeit auf die Konfirmation, musste eine bestimmte Anzahl Gottesdienste besucht werden. Um ihm den Gang zur Kirche zu erleichtern, ging sie mit. Ein Gottesdienst blieb ihr besonders in Erinnerung. Sie erzählt: «In diesem Gottesdienst wurde es plötzlich ganz licht und hell in mir. Obwohl ich nichts sah, wusste ich: Jetzt ist Gott da. Jetzt habe ich Gott gefunden. Mit grosser Freude ging ich mit diesem Licht in mir nach Hause. Mir war Gott in seiner Liebe begegnet und hat meinen Glauben verändert. Seit diesem Erlebnis glaube ich nicht mehr aus Angst, sondern aus Dankbarkeit.»

Im Glaubensleben oder wie man auch sagen könnte in der spirituellen Entwicklung weiter gebracht, wurden auch die Menschen, von denen in den nächsten Geschichten die Rede ist.

Bis zu jenem Tag, sie war damals um die sechzig Jahre alt, war ihr nicht bewusst gewesen, dass Engel im Auftrag Gottes um uns her sind. Dies änderte sich schlagartig durch folgendes Ereignis, wie sie mir sagte: «Wir haben in unserem Garten auf der einen Seite einer Treppe eine Mauer, die wohl einen Meter hoch ist. Auf dem Landstück hinter der Mauer haben wir eine Blumenrabatte und einen kleinen Teich mit Goldfischen angelegt. Es war an der Zeit, den Teich wieder einmal zu säubern. Ich habe also Fische, Pflanzen und Wasser in Eimer verteilt und unten an der Mauer aufgestellt. Um aber den Teich zu reinigen, musste ich ganz auf die Mauer klettern. Als ich beinahe fertig war, verlor ich das Gleichgewicht und stürzte rückwärts hinunter. Eigentlich hätte ich mitten zwischen den Eimern landen müssen, aber das war nicht so. Ich hatte das Gefühl, einen Moment bewusstlos zu sein und zu schweben. Dann landete ich mit einem leichten ‹Bumms› neben den Eimern. Mir tat nur leicht das Hinterteil weh, auf dem ich nun sass. Obwohl dieses Erlebnis schon ein paar Jahre her ist, kann ich es nicht vergessen und bin mir sicher, dass ich von einem Engel hinunter getragen wurde und deshalb ganz sanft gelandet bin. Seit diesem Erlebnis sind Engel mehr in mein Bewusstsein gerückt und ich weiss nun ganz bestimmt, dass Engel im Auftrag Gottes um uns sind.»

Diese Geschichte führt mich zur Frage, wie es möglich ist, bewusster in der Verbindung mit Gottes Reich zu leben. Es kann eine Hilfe sein, den Tag mit einem Gebet zu beginnen. Ein Gebet, welches mich oft begleitet ist dieses:

«Atme in mir, du Heiliger Geist, dass ich Heiliges denke!
Treibe mich, du Heiliger Geist, dass ich Heiliges tue!
Locke mich, du Heiliger Geist, dass ich das Heilige liebe!
Stärke mich, du Heiliger Geist, dass ich das Heilige hüte!
Hüte mich, du Heiliger Geist, dass ich das Heilige nicht verliere!»[70)]

Natürlich rede ich mit Gott meist «frisch von der Leber weg» und wie mir «der Schnabel gewachsen ist.» Gerne aber greife ich auch auf bereits formulierte Gebete zurück. Manchmal gelingt es mir durch sie besser, mich aus der Welt der Dinge und Verpflichtungen herauszulösen und auf Gott zu fokussieren. Dass die unsichtbare Welt überall bei uns ist, zeigt das nächste Beispiel.

Eine jüngere Frau hatte mit einem Bekannten ein Rockkonzert in der Eishalle in Winterthur besucht. In der Pause verliessen sie ihre Plätze, um einen Moment nach draussen zu gehen. Der Weg führte über eine Treppe, die aber total vereist war. Begeistert vom Konzert und fröhlich plaudernd stiegen die beiden die Treppe hinunter. Da rutschte die junge Frau aus, verlor den Halt und stürzte rücklings wohl sieben Stufen hinunter. Sie erinnert sich noch genau: «Es war ein Gefühl, als hätte ich ein Luftkissen unter mir, als ob jemand seine Flügel unter mir ausbreitet, um mich zu beschützen. Mir ist nichts passiert! Ich bin weder mit meinem Gesäss, dem Rücken oder dem Kopf auf der Treppe aufgeschlagen und hatte keinen einzigen blauen Fleck! Ich bin diesem himmlischen Boten so unglaublich dankbar, dass er mich vor Schlimmerem bewahrt hat und dass ich mir nicht die Knochen, den Rücken oder gar das Genick gebrochen habe! Natürlich habe ich ihm gedankt. Ihm, aber auch Gott und Jesus, dass sie mir diesen Engel geschickt haben. Ich würde ihnen so gerne eine Freude machen. Aber was kann ich tun?»

Was für eine aussergewöhnliche Frage. Was hätten Sie der Person geantwortet? Wie wäre es, wenn wir ab und zu den Tag mit diesem Gebet beginnen würden: «Gott, ich würde dir heute so gerne eine Freude machen. Zeige mir, was ich für dich tun kann?» Oder wenn wir in das folgende Gebet aus der Gemeinschaft der Franziskaner einstimmen würden:

«O Herr,
mach mich zu einem Werkzeug deines Friedens;
dass ich Liebe übe, wo man sich hasst,
dass ich verzeihe, wo man sich beleidigt,
dass ich verbinde, da wo Streit ist,
dass ich die Wahrheit sage, wo der Irrtum herrscht,
dass ich den Glauben bringe, wo der Zweifel drückt,
dass ich die Hoffnung wecke, wo Verzweiflung quält,
dass ich dein Licht anzünde, wo die Finsternis regiert,
dass ich Freude mache, wo der Kummer wohnt.

Ach Herr, lass du mich trachten,
nicht dass ich getröstet werde, sondern dass ich tröste,
nicht dass ich verstanden werde, sondern dass ich verstehe,
nicht dass ich geliebt werde, sondern dass ich liebe.
Denn, wer hingibt, der empfängt,
wer sich selbst vergisst, der findet
wer verzeiht, dem wird verziehen,
und wer da stirbt, der erwacht zum ewigen Leben.»[71)]

«Und wer da stirbt ...» Im Sterben geht für einen kurzen Moment die Tür zur unsichtbaren Wirklichkeit auf. Es muss deshalb nicht verwundern, dass um dieses Ereignis herum viele unglaubliche Erlebnisse geschehen, wovon auf den nächsten Seiten gesprochen wird.

Der Pfarrer und der feine Tabakduft – Kapitel 24

Der Pfarrer einer Kirchgemeinde sass, wie so oft, an der Vorbereitung einer Beerdigung. Ein älterer Herr in den Achtzigern war nach einem erfüllten Leben gestorben. Doch da geschah etwas Ungewohntes: Als der Pfarrer in seinem Studierzimmer über den Lebenslauf des Verstorbenen nachdachte, stieg plötzlich ein feiner Geruch in seine Nase. Er hielt überrascht inne und überlegte sich, woher dieser Duft wohl kam. Er schnupperte am Kugelschreiber, ob dieser allenfalls parfümiert sei, was er nicht war. Er roch am Papier. Auch dieses war nicht die Ursache des Geruchs, wie auch der Leuchtstift nicht. Fenster und Türen waren geschlossen. Er fand keine Quelle an seinem Arbeitsplatz, von welcher der Geruch hätte stammen können und doch sass dieser Wohlgeruch in seiner Nase. Erstaunt sog er den Duft ein und überlegte, nach was es denn roch. Er erzählte: «Nach einer Weile wurde mir klar: Das muss Tabak sein! Tatsächlich, es roch nach feinstem, edlem, mildem Tabak. Da kam mir in den Sinn, was mir die Angehörigen über den Verstorbenen erzählt hatten, nämlich, dass er ein Liebhaber von auserlesenen Zigarren gewesen sei. Was sollte aber dieser Tabakgeruch in meinem Arbeitszimmer mir, dem Nichtraucher, sagen? War es möglich, dass mich der Verstorbene besucht hatte?, fragte ich mich. Oder entstand durch mein Nachdenken über sein Leben eine Verbindung zu ihm? Weilen vielleicht Verstorbene noch einige Zeit in unserer Nähe?» Er fand auf diese Fragen keine Antwort, doch hatte das Erlebnis Auswirkungen auf die Gestaltung von Beerdigungen, wie er erklärte: «Ich sagte mir, ich will, wo immer möglich, eine Abdankungsfeier so gestalten, als ob die verstorbene Person noch unter uns weilte.» Als er die Beerdigung fertig vorbereitet hatte, war auch der Duft fort, wie er erklärte.

Ein eigenes Erlebnis bleibt mir unvergessen. Ich war gebeten worden, die Beerdigung einer mir gut bekannten Person zu übernehmen, was ich auch gerne tat. In der darauffolgenden Nacht träumte ich: Ich sass am Bürotisch und las in der Bibel. Die Verstorbene blickte mir über die Schulter und schien mir zu sagen: «Ich möchte, dass du über diesen Text predigst.» Ich erkannte die Bibelstelle genau. Als ich am Morgen erwachte, war mir alles noch sehr präsent, was mich erstaunte, weil ich sonst selten Traumerinnerungen habe. Ich erinnerte mich an die Bibelstelle. Zudem sah ich das Bild der Verstorbenen, wie sie mit mir in die Bibel hinein schaute. So wie ich geträumt hatte, so gestaltete ich auch die Beerdigung, und anhand der Reaktionen ihrer Angehörigen schien es eine zu der Verstorbenen passende Bibelstelle gewesen zu sein, über die ich predigte.

Dieses «Über-die-Schulter-schauen» hat auch eine Tochter erlebt, deren Vater gestorben war. Die Frau des Verstorbenen schrieb mir: «Nach dem Tod meines Mannes arbeitete meine Tochter in unserem Geschäft mit. Wir waren ein gutes Team. Bei Büroarbeiten empfand und spürte sie oft die Nähe des Vaters, so, als ob er ihr über die Schulter geschaut und ihr vermittelt hätte: ‹Du machst es gut.› Ein halbes Jahr war vergangen, als sie ihn zum letzten Mal spürte, so, als ob er sich verabschieden wollte.»

«Wollte sich auch ein junger Vater von seiner Tochter verabschieden, der unsere Erde unerwartet verlassen hatte?», fragten sich die Angehörigen, die Folgendes erlebt hatten:

Dieser junge Mann war verstorben, ohne dass man sich von ihm hätte verabschieden können. Zurück blieben seine Frau und die ungefähr drei- oder vierjährige Tochter. Wenige Tage nach dem schrecklichen Ereignis rief das Kind mitten in der Nacht nach seiner Mutter. Es war kein angsterfülltes Rufen, sondern eher so, als ob das Kind etwas entdeckt hatte und es der Mutter unbedingt zeigen wollte. So in dem Sinne: Mami, komm schnell und schau!

Die Mutter folgte dem Ruf, öffnete die Zimmertür, trat ins Kinderzimmer und blieb erstaunt stehen. Ein angenehmer, starker Duft erfüllte das ganze Zimmer. Sie erinnerte sich, dass sich ihr verstorbener Mann gerne parfümiert hatte. «Ich dachte, ich spinne», berichtete sie mir. «Deshalb verliess ich das Zimmer und betrat es erneut. Es duftete immer noch sehr fein, intensiv und wohltuend. Es war alles so seltsam!» Nach einem Gute-Nacht-Kuss und einer Umarmung schlief das Mädchen ruhig ein. Die Mutter aber ging aufgewühlt zurück ins Bett, und es verging einige Zeit, bis sie den Schlaf wieder finden konnte, fragte sie sich doch: «Was war das? Hat mein Mann meine Tochter besucht, um sich bei ihr zu verabschieden? Hat sie ihn gar gesehen? Oder war es der Engel meiner Tochter, der gekommen ist, um sie zu trösten?» Fragen über Fragen und keine Antworten. Endlich übermannte sie die Müdigkeit. Anderntags, als sie das Kinderzimmer wieder betrat, war der seltsame Wohlgeruch verflogen. Dies ist nicht das einzige Beispiel, das mir erzählt wurde, bei dem es um einen Parfümgeruch ging.

Nicht um einen besonderen Geruch oder Traum geht es im nächsten Bericht, sondern um ein unerwartetes Bilderlebnis über einem Sterbebett. Ein Seelsorger erzählte: «Es war eine sehr feierliche, ganz besondere Stimmung über dem Raum. Die Sterbende hatte nach meinem Besuch verlangt, doch weil ich gerade in einer Kurswoche weilte, konnte der Besuch erst einige Tage später stattfinden. Als ich das Zimmer betrat, lag eine grosse Ruhe und Stille über dem Raum. Die Schwerkranke konnte zwar nicht mehr sprechen aber ihre Augen zeigten, dass sie meine Gegenwart wahrnahm. Ich setzte mich ans Sterbebett. Ihr Blick fiel mir auf. Die Angehörigen sagten mir, dass sie die Augen in den letzten Tagen immer geschlossen hatte, doch heute seien sie offen. Ihr Blick richtete sich an eine ganz bestimmte Stelle an der Decke. Er war klar, und obwohl sie klar schaute, schien sie abwesend zu sein oder, präziser ausgedrückt, als ob sie in die Ferne schauen würde und etwas sehen könnte, was wir nicht sahen. Es war kein ängstlicher, beunruhigter oder erschrockener Blick. Ihre Augen waren ruhig wie die Oberfläche eines Sees an windstillen Tagen. Dieser Blick erinnerte mich daran, dass Sterben auch dies bedeuten kann: Sehend werden, hellsichtig werden. Während man diese irdische Welt, die Welt der Sinne, immer mehr aus den Augen verliert, nimmt man umso klarer die Welt wahr, die uns unsichtbar umgibt.

Während ich so am Bett der Verstorbenen sass, still für sie betete und einfach da war, durchlief mich manchmal ein feiner Schauder. In Wellen kam er. Man hätte annehmen können, dass in der Nähe eine Starkstromleitung durchführte und man das Energiefeld des Stromes leicht spüren würde. Dem war aber nicht so. Es war, als würde sich ein Kraftfeld im Zimmer befinden. Es war nichts Beängstigendes oder Beunruhigendes. Ich fühlte mich sehr getragen, während ich die Hand der Sterbenden hielt. Miteinander sprechen konnten wir ja nicht mehr.

Nach einiger Zeit verliess ich den Raum und vereinbarte mit den Angehörigen einen neuen Termin.

Als ich zur verabredeten Zeit eintraf, wurde ich mit den Worten empfangen, dass die Sterbende vor wenigen Momenten den letzten Atemzug getan habe. Ich betrat das Zimmer und empfand wieder dieses elektrifizierende Kraftfeld. Ich ging zum Sterbebett und blieb dort still stehen. Unwillkürlich ‹schaute› ich nach oben. Da ‹sah› ich zu meiner grossen Überraschung über dem Sterbebett die eben Verstorbene tanzend mit zwei weiteren Personen; alle in leichten, langen, im Tanzrhythmus schwingenden, weissen Kleidern. Verwundert schaute ich dem Geschehen zu, bis das Bild verschwand. Sie war nach einer langjährigen schweren Krankheitszeit verstorben und nun erlöst.»

Dieses ganz besondere Schauen hat auch ein Mann am Bett seiner sterbenden Patin erlebt. Er schilderte es mit folgenden Worten:

«Oft, wenn ich sie besuchte, war sie müde und zu schwach, um über etwas zu reden. Dieses Mal konnten wir jedoch noch für einen kurzen Moment über dieses und jenes miteinander sprechen. Plötzlich aber schaute sie von mir weg. Blickte an die Decke oder in die Ecke des Spitalzimmers und sagte dann freudestrahlend: ‹So etwas Besonderes. Vielen Dank, lieber Gott, vielen Dank.›»

Im Sterben sieht man plötzlich mehr, als man bisher gesehen hat. Und man hört manchmal auch mehr, wie der nächste Bericht zeigt:

«Eine liebe Freundin von mir hatte eine Tochter, die schwer behindert war. Ich war ihre Patin. Sie war in ihrem kurzen Leben häufig krank. Es war Winter. Ich weilte mit meiner Familie in den Skiferien. Plötzlich, mitten in der Nacht, erwachte ich, weil ich viele fröhliche Kinderstimmen hörte, so, als ob eine ganze Kinderschar mit ihren Schlitten den Hang hinunterfahren würde. Die Kinder jauchzten, und es war ein fröhliches Durcheinander. Ich stand auf und öffnete das Fenster, sah aber nichts. So ging ich zurück ins Bett. Frühmorgens erhielt ich die Nachricht, dass mein Patenkind in der Nacht gestorben sei. Das geschah präzis zu jener Zeit, als ich die Kinder gehört hatte. Wir waren natürlich sehr traurig und erschüttert, aber ich konnte meiner Freundin sagen, dass ich das Gefühl habe, dass sich ganz viele Kinder, vielleicht Engelskinder, im Himmel freuen, dass ihre Tochter zu ihnen gekommen sei.»

Solche Erlebnisberichte bestärken mich in der Annahme, dass das Sterben auf «dieser» Seite ein Abschied ist, auf jener aber ein Heimkommen. Hier Trauer, dort Freude; hier Tränen des Leids, dort Tränen der Freude.

In diese Richtung weisen auch die nächsten Geschichten.

Bericht einer Nachtschwester – Kapitel 25

Jemand schrieb mir: «Drei Monate konnten wir unsere Mutter, nach einer grossen Operation, im Spital, im Pflegeheim und zu Hause beim Sterben begleiten. Sie machte uns die Aufgabe leichter, mit ihr diese Wegstrecke zu gehen, weil sie in all ihren 84 Jahren mit Jesus Christus, ihrem Erlöser, gelebt hat. Sie vertraute darauf, dass er sie auch im Sterben nicht alleine lässt, sondern sie gnädig zu sich holt. Ihr Glaube wurde stark herausgefordert durch die Schmerzen und den zunehmenden Kräfteverlust. Jedoch wurde sie immer wieder getröstet in der Hoffnung auf ein baldiges Leben in Gottes Herrlichkeit, auf das sie sich freute und das sie innigst herbeisehnte. An Heiligabend verabschiedete sie sich von uns mit einem klaren: ‹Adieu! Geht in Gottes Namen weiter euren Weg.› Zwei Stunden später verlangte sie nach der Nachtschwester und bat sie, ihr beim Aufstehen zu helfen. Mit überzeugter Stimme sagte sie zu ihr: ‹Ein Engel wird mich gleich abholen und da will ich bereit sein!› Sie war zu schwach, um aufzustehen, jedoch bestätigte sich ihre Aussage, denn in der nächsten Stunde durfte sie heimgehen zu Jesus Christus, der ihr Leben geprägt und ihren Alltag erfüllt hat. Unsere Mutter hat nicht oft von Engeln gesprochen oder mit ihnen im Alltag gerechnet, und so berührte uns ihr letzter Wunsch an die Nachtschwester sehr, die uns dieses Erlebnis erzählte.»

«Ein Engel wird mich gleich abholen!» Was für eine Zuversicht und was für ein Vertrauen spricht aus dieser Überzeugung! Als meine Frau und ich alleine nach Asien in eine fremde Stadt reisten, wurde uns versprochen: «Jemand wird Sie am Flughafen abholen.» Dieses Wissen hat uns sehr entspannt, denn wir kannten in jener Stadt niemanden und konnten auch die Sprache nicht sprechen. Das Sterben kann man auch mit einer Reise in ein fremdes Land vergleichen. Beruhigend kann deshalb die Gewissheit sein, dass man abgeholt wird. Dass eine verstorbene Person abgeholt wird, durfte auch jemand anders erleben. Diese Frau erzählt:

«Fast täglich besuchten wir unsere liebe Tante im Spital. Wir wussten, dass sie sterben musste aber konnten es uns nur schwer vorstellen, dass wir das lustige Augenzwinkern und das so liebevolle Leuchten ihrer grau-blauen Augen bald nie mehr sehen sollten. Besonders für mich war es fast unvorstellbar zu glauben, dass mein heissgeliebtes, immer zu einem Spässchen aufgelegtes ‹Tanting›, wie ich sie von Kinderzeiten an genannt habe, sterben müsse. Damals war der Tod für mich noch mit Angst und Schrecken verbunden. – Dann starb sie. Viele Tränen flossen um sie, die immer so Liebevolle. Auch ich weinte und weinte. Immer noch flossen meine Tränen, als wir in der Kirche der Stimme des Pfarrers lauschten: ‹Es hat Gott, dem Allmächtigen, gefallen, in die Ewigkeit zu sich abzuberufen...›. Da war es mir, als bitte meine Tante mich ganz leise: «Mach doch die Augen auf und sieh, und heul‘ nicht grundlos!» Ich machte die Augen auf und sah unwillkürlich nach oben. Da sah ich aufwärts gegen den Himmel einen lichten Engel fliegen. Jetzt wusste mein verzweifeltes Herz plötzlich: Das ist Gottes Engel, der gerade jetzt die Seele meiner Tante in den Himmel zu Gott trägt. Ein ganz besonderes Schauen war es und tiefe Ruhe, ja tiefes Glück durchzog mein Herz. Von da an hatte der Tod seinen Stachel für mich verloren.»

Von diesem «in den Himmel getragen werden» hören wir auch in der nächsten Geschichte:

«Glücklich kam mein Mann vom Arztbesuch nach Hause. Nach einer Generaluntersuchung hatte er den Bericht erhalten, dass alles in bester Ordnung sei. So freuten wir uns über unser gemeinsames Altwerden und gaben unsern Kindern guten Mutes ab, was möglich war, um uns zu entlasten. Wie glücklich waren wir, dass alle mit der ‹Erbteilete› zufrieden waren. Nach einigen wunderschönen Ferientagen in der Südschweiz fühlte sich mein Mann aber nicht erholt, sondern täglich müder. Ein sehr aggressiver Knochenmarkkrebs hatte sich ganz plötzlich bei ihm entwickelt und liess keine Heilung mehr zu. Und nun die Engel? Sie halfen uns noch, Abschied zu nehmen, einander zu danken und zu vergeben, nochmals miteinander zu beten ... und dann loszulassen.

Die erste Zeit ohne den geliebten Gefährten fiel mir sehr schwer, und noch heute fehlt er mir tagein und -aus. Doch am Karfreitag war in meinem Schlafzimmer am frühen Morgen ein eigenartiges, ungewohntes Licht. Ich setzte mich auf, sah nichts anderes, spürte aber ganz stark: Jetzt ist mein Mann angekommen. Er ist Jesus begegnet und alles ist gut. Sie warten auf mich. Und so kann ich, zwar voller Heimweh, jeden Tag meine Aufgaben weiter erfüllen. So warte ich getrost, bis auch ich gerufen und ‹nach diesen Erdentagen von den Engeln heimgetragen werde›, wie es in einem alten Sonntagschullied heisst.»

Dieses «Heimtragen» führt uns zum nächsten Bericht:

«Es war Nacht, eine finstere Nacht voll schwarzer Schatten. Ich lag in meinem Bett und versuchte zu schlafen. Seit Monaten schlief ich ganz allein im untersten Stock des alten Bauernhauses, in welches wir vor einem Vierteljahrhundert eingezogen waren.

In diesem Haus hatte meine Mutter ihre lieben Augen geschlossen und nach etwas mehr als zwanzigjähriger Ehe war auch mein lieber, herzleidender Mann ganz plötzlich unter diesem Dach verstorben. Und nun sollte das geliebte alte Haus verkauft und abgerissen werden. Es war ein schwerer Gedanke für mich.

Ich wollte schlafen, doch ich hatte Fieber, fühlte mich schwach und elend, und es war so dunkel. Mir war, als kämen die Wände immer näher an mich heran, als wollten sie mich erdrücken. Ach, dachte ich, gut, so lasst mich doch sterben, dann muss ich das geliebte alte Haus nicht verlassen und in die Fremde ziehen. Ich lag mit dem Gesicht zur Wand. Da sagte eine leise Stimme zu mir: «Dreh dich um, und sieh!» Ich drehte den schmerzenden Kopf ins Zimmer. Da ging die Tür zum Nebenzimmer ganz lautlos einen Spalt breit auf – und meine Augen sahen einen strahlenden Lichterglanz hervorfluten. ‹Dies ist der grosse Strahlenglanz der Ewigkeit, der aller wartet›, sagte es in meiner Seele. ‹Fürchte dich nicht – freue dich. Denn schau, es ist das Weihnachtszimmer, welches Gottvater allen seinen Kindern nach dem Erdenleben bereitet hat. Wenn er dich ruft, wenn er selbst dich bei deinem Namen ruft, so ergreife ganz fest Gottes Vaterhand, und du brauchst die dunkle Schwelle des Todes nicht zu fürchten. Beachte, der dunkle Weg ist nur ganz kurz. An seiner Hand darfst du dann eintreten ins Licht der Ewigkeit. Warte, freue dich – und fürchte dich nicht!› – Und dann war das Strahlen verschwunden.»

Ich glaube daran, dass, wenn ein Mensch im Sterben Hilfe wünscht, sie ihm auch gewährt wird. Wenn von unserer Seite her nicht mehr geholfen werden kann, ist Hilfe vom Himmel her möglich. Von solchen, die uns vorausgegangen sind und von den Engeln.

Wie hatte wohl der Engel ausgesehen, von dem im Bericht der Nachtschwester am Anfang dieses Kapitels die Rede war? Vielleicht so, wie ihn eine Person während eines Taufgottesdienstes gesehen hat? «Er stand rechts von der Kanzel. Es war ein grosser Engel. Seine goldenen Arme hatte er ausgebreitet zum Segen. Er trug eine schöne, tiefblaue Krone und ein wunderbares Kleid, buntfarbig wie die Kirchenfenster. Friede ging von diesem Wesen mit seinem schönen, lieblichen Gesicht aus. Er blieb, bis die Predigt zu Ende war.»

Die Gewissheit der Präsenz von Engeln im Gottesdienst ist für mich eine grosse Freude. In einem Kirchenlied heisst es: «Lobe den Herren, den mächtigen König der Ehren; lob ihn, o Seele, vereint mit den himmlischen Chören.»[72)] Wenn wir singen, stelle ich mir jeweils vor, dass die Engel mit der Gemeinde zusammen singen! Im gemeinsamen Singen von Gemeinde und Engeln hat ein Kind eine ganz besondere Erfahrung gemacht, welche zeitlebens nicht vergessen wurde.

Ein verbotener Kirchgang – Kapitel 26

Eine Person erinnerte sich: «Um der Elternpflichten hie und da enthoben zu sein und zur Mithilfe im Haushalt, stellten Vater und Mutter eine junge Dorfbewohnerin als Haushaltshilfe an. An ihr, dunkelgelockt, klein und rundlich, hing ich in kindlichem Vertrauen. Eines Samstagnachmittags nun – meine Eltern waren auf dem Einkaufsbummel – nahm uns Maria, wie sie hiess, mit zum Gottesdienst. Meine Schwester war damals gut ein Jahr alt und ich stand kurz vor meinem fünften Geburtstag. Die kirchliche Handlung hatte bereits begonnen, als sie mit uns die dunkle, nur von Kerzen spärlich erleuchtete Kirche in diesem Tessinerdorf betrat. Ich sehe es noch genau vor mir: die Pfeiler, die sich oben in der Finsternis des Raumes verlieren, die dicht gedrängten Menschen, die alle knien und nach vorn blicken, und zuhinterst, nahe am Eingang der noch freie Betschemel, auf welchem sich Maria hinkniet, das Kleinkind auf dem Arm, wobei sie mich zu ihrer Rechten mit fester Hand in die Knie drückt.

In der Luft des hohen sakralen Raumes hing ein seltsamer Duft, den ich fast als leichten Nebel wahrnahm, und jetzt hoben machtvolle, meinen Ohren fremde Gesänge an. Und da geschah es: ich begann zu singen, Kauderwelsch zwar, denn das schien mir inmitten der unverständlichen Worte das Passende, und meine Seele wurde ergriffen und emporgehoben. Ich hörte auf, ein Individuum mit seiner Wohlerzogenheit und seinen Hemmungen zu sein.

‹Wes des Herz voll ist, des geht der Mund über›, galt auch für mich, und bald genug hatten meine Eltern herausgebracht, wie wir Kinder den Nachmittag verbracht hatten. Ihr Zorn, für mich damals ganz unverständlich, war grenzenlos und entlud sich über der armen Maria. Sie, die Katholikin, hatte versucht, ihnen die Kinder in Glaubensdingen abspenstig zu machen, und fortan war es ihr aufs Allerstrengste verboten, uns je wieder in ihre Kirche mitzunehmen. Ich aber habe jenes, mein ganzes Wesen erfassende Erlebnis, in einem halben Jahrhundert nicht vergessen.»

Bei diesem Erlebnis ist mir spontan ein Lied aus unserem Kirchengesangbuch eingefallen: «Gott, weil er gross ist, gibt am liebsten grosse Gaben. Ach, dass wir Armen nur so kleine Herzen haben!»[73)]

Die Unendlichkeit lässt sich nie endgültig in religiöse Vorstellungen und theologische Formeln pressen. Das ist so, weil, wie der Apostel Paulus sagt: «All unsere Erkenntnis Stückwerk ist.»[74)] Vielleicht hindert uns gerade die Ängstlichkeit, dieses «kleine» Herz wie es im Lied umschrieben wird, daran, weitere Dimensionen des Ewigen zu entdecken. Interessant ist ja, was oben geschildert wird: «Ich hörte auf, ein Individuum mit seiner Wohlerzogenheit und seinen Hemmungen zu sein.»

Hemmungen, der Gedanke, was die andern denken, Ängstlichkeit aber auch bisherige Traditionen und Überlieferungen können Hemmnisse sein, die uns daran hindern, in die Weite der Ewigkeit hinein zu schreiten. Dazu folgendes Gleichnis, das ich irgendwo gehört oder gelesen habe:

Spätabends war ein Heimkehrer unterwegs, als er bei einer Strassenlaterne einen Mann auf allen Vieren am Boden herumkriechen sah. Er ging hin und fragte: «Was machen Sie denn da?» Antwort: «Ich suche meinen Schlüssel.» – «Ja», fragte der Hinzugekommene, «wissen Sie denn, dass sie ihn genau hier bei der Laterne verloren haben?» – «Nein», gab der Suchende zur Antwort, worauf der andere erstaunt nachfragte: «Aber warum suchen Sie denn da?» – «Weil es hier hell ist», antwortete jener und suchte auf allen Vieren weiter im Lichtschein der Strassenlaterne nach seinem Schlüssel.

«Suchet das Reich Gottes», wird in der Bibel aufgefordert. Über das Suchen hat Jesus vielfach gesprochen. Aber Suchen muss man ja nicht dort, wo alles bereits bekannt ist. Will man weiterkommen, muss man, um im Beispiel des Schlüsselsuchenden zu sprechen, ins Dunkel hinaus, ins Unbekannte. Denn wie es in der Wissenschaft nach jeder Entdeckung wieder Neues zu entdecken gibt, weil jede Entdeckung eine Tür zu noch mehr Unbekanntem öffnet, so ähnlich verhält es sich auch im Glauben. Wer einmal weiss, der weiss vor allem, wie wenig er weiss und sucht nur noch intensiver. Vermutlich deshalb sagte Jesus: «Selig sind, die da geistlich arm sind; denn das Himmelreich ist ihr.»[75] Ich kann mir vorstellen, dass er damit Folgendes aufzeigen wollte: Wer sich arm an Erkenntnis empfindet, der möchte mehr wissen. Eine solche Person sucht weiter. Wer aber weitersucht, findet mehr. Denn es gibt immer mehr zu entdecken, weil die Welt Gottes unendlich ist.

Oft führt das Leben selbst in Situationen, in denen alle bisherigen Überzeugungen, Erklärungsmodelle, religiösen Denkmuster und Glaubenssätze ihren «Dienst» versagen. Solche Situationen rütteln auf. Stellen Fragen und stellen Bisheriges in Frage. Dies kann zu einem Aufbruch und zu neuen Erfahrungen mit Gott führen. Meist sind es nicht Stunden im Licht der Laterne, sondern die dunklen, schweren Stunden, in denen dieses neue Suchen beginnt.

Dom Helder Camara, ehemaliger Erzbischof in Brasilien, der sich sehr für die Armen des Landes einsetzte, sagte einst:

«Sage ja zu den Überraschungen, die deine Pläne durchkreuzen, deine Träume zunichte machen, deinem Tag eine ganz andere Richtung geben – ja vielleicht deinem Leben. Sie sind kein Zufall. Lass dem himmlischen Vater die Freiheit, selber den Verlauf deiner Tage zu bestimmen.»[76)]

Nun, dieses «Ja» ist nicht immer so einfach. Es ist oft ein langer Prozess. Und manchmal kann man eine neue Situation annehmen, dann aber entgleitet einem das «Ja» wieder und es braucht Zeit, bis man das, was einem auferlegt wurde, akzeptieren kann.

Dazu schrieb mir ein Mann, der eine Hiobsbotschaft verkraften musste:
«Seit letztem Donnerstag weiss ich, dass ich ein Lungen-Karzinom habe. Meine Zeit auf dieser Erde geht über kurz oder ein bisschen weniger kurz zu Ende.

Wie ich das Leiden und das Sterben bestehen werde, weiss ich nicht. Aber ich lebe in diesen Tagen in vollem Vertrauen, dass mir nichts geschieht, was nicht zu meinem Besten ist. Ich erlebe aber auch, dass das tiefste Vertrauen nicht ein ‹Zustand› ist, sondern dass es sich fortwährend aus zwei Quellen rekrutieren muss: Es erfordert stündlich und täglich meinen bewussten Entscheid: ‹Ja, ich will vertrauen – und ich darf vertrauen›. Die Hauptsache aber ist, dass ich fühle und erlebe, dass dieses endlose Vertrauen ein Geschenk des Höchsten ist. Mein Beitrag als Mensch ist nur der Entschluss, bereit zu sein, das grosse Geschenk anzunehmen.»

Wie eine schwierig verkraftbare Situation zu neuen Erkenntnissen geführt und das Vertrauen gestärkt hat, entnehmen wir dem nächsten Bericht.

Nun stand die Therapeutin, die viele kranke Menschen begleitet hatte, selbst am Anfang einer langen Krankheitsgeschichte. Sie fühlte sich verloren und suchte nach Halt und Sicherheit, wusste sie doch nicht, was noch alles auf sie zukommen würde. An diesem Morgen lag sie im Bett. Es dämmerte bereits. Im Dämmerlicht blickte sie in eine Ecke des Zimmers. Während sie so schaute und ihren Gedanken nachhing, ging plötzlich in jener Ecke, wo sich Zimmerdecke und Wand berührten, etwas, einem Fenster ähnlich, auf. Es war, als dürfte sie in eine Art weitere Dimension hineinblicken, nicht mehr begrenzt, wie die Räume in der realen Welt. «In diesen weiten Raum kam etwas Persönliches, ein feines Gegenüber, hinein, kam mir entgegen und signalisierte mir: ‹Ich bin da!› Ich erkannte: Hinter dem Sichtbaren gibt es eine liebende Gegenwart, ein ewiges Du. Genaues konnte ich nicht sehen, und doch war es so klar und deutlich. Es war, als ob Jesus hinter einem Vorhang hervor zu mir sprechen würde. Durch dieses Erlebnis wurde mein Wunsch nach diesem liebenden Gegenüber geweckt. Es war so vertrauenserweckend und gab mir Sicherheit, ohne mich irgendwie einzuengen. Gerade die Tatsache, dass alles so aussah, als geschähe es hinter einem Schleier, erlebte ich als befreiend. Was ich sah, war nicht bereits fixiert durch irgendwelche religiösen Vorstellungen und Bilder, die es nun zu übernehmen und zu glauben galt. Gerade das Geheimnisvolle zog mich an!

Ich wurde angeregt, entspannt dem weiter nachzugehen und mehr über diese Gegenwart herauszufinden. Es schien, als ob ich gefragt würde: ‹In welchen Grenzen bewegst du dich?› Es war mir, als ob ich aus der Begrenzung meiner bisherigen religiösen Welt, in der ich mich bewegt hatte, in einen neuen Raum gekommen wäre und es diesen nun zu entdecken galt.»

Es gibt noch viel zu entdecken. Das macht für mich den Glauben so spannend und faszinierend. Deshalb freue ich mich auch über die vielen Geschichten und Erlebnisse, welche mir zugesandt worden sind und immer noch werden. Sie führen zum Nachdenken und Nachforschen.

Greifen wir ein Beispiel aus der eben geschilderten Erfahrung auf. Da wird berichtet: Als wäre ich in «einen neuen Raum gekommen». Dieses Bild vom Raum hat mich daran erinnert, dass in vielen alten griechischen Handschriften das «Unser Vater»-Gebet mit diesen Worten beginnt: Unser Vater, der du bist in den Himmeln. Der Begriff Himmel steht also in der Mehrzahl. Auch in einem Brief des Apostel Paulus wird vom Himmel in der Mehrzahl gesprochen.[77)] Wilhelm Stählin, ehemaliger Bischof der lutherischen Kirche Deutschlands und Professor für praktische Theologie an der Universität in Münster hat diesen Plural einmal so übersetzt, dass er von den «himmlischen Räumen» sprach.[78)] Das mag vielleicht als Wortspielerei erscheinen. Die Redewendung von den «himmlischen Räumen» löst bei mir aber eine Dynamik der Neugierde und Entdeckerfreude aus. Es scheint, als wäre die himmlische Welt vielschichtiger, als oft angenommen und deshalb die Erfahrungen mit dieser Welt auch derart vielseitig.

Auch in einer Kirche im Jura ging für eine Person eine Art neue Dimension auf. Davon ist im nächsten Kapitel zu lesen.

Ein seltsames Erlebnis mit einem Glasfenster – Kapitel 27

Dies geschah, als sie sich in der Kirche von Romainmôtier zwischen zwei Säulen in die Mitte des Chors stellte. Sie erzählte: «Ich betrachtete das herrliche mittlere Glasfenster. Die leuchtende Gestalt des Christus zog mich in ihren Bann. Unverwandt blickte ich auf sie, da wurde sie immer heller, und ich merkte, wie links und rechts in meinem Gesichtskreis alles in schwärzester Dunkelheit versank. Wenn ich mich sonst mit den Augen auf etwas konzentriere, nehme ich dieses genau wahr, während die Dinge ausserhalb des fokussierten Zentrums zwar nur unscharf, aber immerhin doch sichtbar sind. Hier nun geschah das Merkwürdige, dass ausser dem Christus im Brennpunkt alles übrige versank. Lange stand ich wie angewurzelt dort, wohl eine Viertelstunde, und spürte mich gestützt und eingespannt zwischen dem Fussboden und dem Scheitel. Umfallen konnte ich nicht, das wusste ich. Unter grösster Willensanstrengung gelang es mir, mich aus der Faszination der Christusvision zu befreien. Ich wollte die Welt wieder sehen. Langsam, ganz langsam, tauchten aus der Dunkelheit die Säulen und der Kopf meines Mannes auf, gingen in grau über und zeigten sich mir schliesslich wieder wie zuvor in ihrer ganzen Grösse. Was war geschehen? – Bisher hat es mir noch keiner erklären können.»

Ich masse mir nicht an, dieses Ereignis zu deuten. Es hat mich aber daran erinnert, dass Begegnungen mit der unsichtbaren Welt von einem starken Energiefeld umgeben sind, so dass Menschen durch diesen Kraftstrom umgeworfen werden können. So erging es zum Beispiel dem Propheten Daniel:

«Als ich aufblickte, sah ich einen Mann in einem Leinengewand mit goldenem Gürtel. Sein Leib funkelte wie ein Edelstein, sein Gesicht leuchtete wie der Blitz und seine Augen brannten wie Flammen (...) Beim Anblick der gewaltigen Erscheinung verliess mich alle Kraft, und das Blut wich aus meinem Gesicht. Der Mann begann zu sprechen und kaum waren die ersten Worte an mein Ohr gedrungen, da stürzte ich ohnmächtig zu Boden und blieb mit dem Gesicht zur Erde liegen. Sogleich griff eine Hand nach mir und zog mich hoch, sodass ich mich auf die Knie aufrichten und mit den Händen aufstützen konnte.»[79)] Interessant ist, dass die Menschen um Daniel diese Erscheinung genauso wenig sahen, wie der Mann in obiger Geschichte, der seine Frau in die Kirche begleitet hatte.

Bertrand Russel, britischer Philosoph und Atheist, wurde einmal gefragt, was er Gott sagen würde, wenn er nach seinem Tod auf ihn träfe. Er soll sinngemäss gesagt haben, er würde Gott fragen, warum er sich solche Mühe gebe, sich zu verstecken.[80)]

Leo Tolstoi hat mit einer Geschichte diesen Sachverhalt zu erklären versucht. Tolstoi schrieb:

Es lebte einst ein König, den am Ende seiner Tage die Schwermut befiel. «Seht», sagte er, «nun habe ich in meinem Leben alles, was ein Mensch nur erleben und mit den Sinnen aufnehmen kann, erfahren, gehört und gesehen. Nur eines habe ich nicht gesehen in meinem ganzen Leben: Gott habe ich nicht gesehen. Ihn wünsche ich noch zu sehen. Deshalb erliess der König an alle Machthaber, Weisen und Priester den Befehl, ihm Gott zu zeigen. Schwerste Strafen wurden ihnen angedroht, wenn es ihnen nicht gelänge. Der König gewährte eine Frist von drei Tagen.

Trauer kam über die Einwohner des königlichen Palastes, und alle warteten auf ihr bevorstehendes Ende. Genau nach drei Tagen um die Mittagszeit liess der König sie vor sich rufen. Der Mund der Machthaber, der Weisen und Priester aber blieb stumm. In seinem Zorn war der König schon bereit, das Todesurteil auszusprechen.

Da kam ein Hirte vom Felde, der von des Königs Befehl gehört hatte, und sagte: «Erlaube mir, König, deinen Wunsch zu erfüllen!» – «Gut», sagte der König, «aber bedenke, es geht um deinen Kopf.»

Der Hirte führte den König auf einen freien Platz und zeigte ihm die Sonne. «Sieh hin», sagte er. Der König hob seine Augen und wollte die Sonne sehen. Aber der Glanz blendete ihn, und er senkte den Kopf und schloss die Augen. «Willst du, dass ich erblinde?», fragte er den Hirten. «Aber König, das ist doch nur ein Ding der Schöpfung, ein schwacher Abglanz der Grösse Gottes, ein kleines Fünkchen seines flammenden Feuers. Wie willst du mit deinen schwachen, tränenden Augen Gott sehen? Suche ihn mit anderen Augen!»[81)]

«Suche ihn mit anderen Augen!» Gemeint ist das Auge des Herzens, das dritte Auge, wie es auch bezeichnet wird. Dass die obige Christusvision nicht mit den sinnlichen Augen wahrgenommen wurde, deute ich daraus, dass alles ausserhalb ihres Gesichtskreises in schwärzeste Dunkelheit versank, während üblicherweise Dinge ausserhalb eines fokussierten Zentrums zwar unscharf aber sichtbar blieben.

Es ging von Christus eine grosse Strahlkraft aus. Wenn ich das recht verstehe, wird diese lichtvolle, leuchtende Anziehungskraft in der Bibel mit dem Begriff «Herrlichkeit» umschrieben. Dass Herrlichkeit mit Kraft in Verbindung steht, deutet uns das «Unser Vater»-Gebet an, wenn es mit den Worten schliesst: «Denn dein ist das Reich und die Kraft und die Herrlichkeit in Ewigkeit. Amen.»

Wie jener König in der Geschichte von Tolstoi wollte auch Moses einmal Gott anschauen. «Lass mich deine Herrlichkeit sehen!» Statt Herrlichkeit könnte man auch Ausstrahlung sagen. Die Ausstrahlung wird vor allem im Gesicht sichtbar. Deshalb antwortet Gott: «Du kannst mein Angesicht nicht sehen, denn ein Mensch kann mich nicht sehen und am Leben bleiben.» Dann sprach der Herr: «Sieh, da ist ein Platz bei mir, stelle dich da auf den Felsen. Wenn nun meine Herrlichkeit vorüberzieht, will ich dich in den Felsspalt stellen und meine Hand über dich halten, solange ich vorüberziehe.»[82)] Wie die Frau in der Kirche, die gehalten und geschützt wurde, so wird es hier Moses. Wie unsere Augen erblinden, würden sie direkt in die Sonne blicken, so würde auch ein Mensch sterben, durch die Kraft, welche Gott umgibt. Wenn sich also Gott «verbirgt», wie es Bertrand Russel beschreibt, dann zu unserem Schutz, wie ja auch wir uns vor Starkstromleitungen schützen.

Dionysius Areopagita, der Verfasser der vermutlich ersten christlichen Engellehre schreibt dazu: «Es ist unmöglich, dass der göttliche Strahl unmittelbar in uns hineinleuchte, anders als durch die bunte Fülle heiliger Umhüllungen verdeckt. Doch diese sind nur in väterlicher Fürsorge unserer Fassungskraft naturgemäss angepasst und entsprechen stets einem höheren Sinn.»[83)] Nach seiner Auffassung stehen Cherubim und

Seraphim und die «Throne», wie eine Engelgruppe in der Bibel auch genannt wird, der Urgottheit am nächsten. Sie schauen sein Angesicht. Was sie empfangen an Leben, Liebe, Kraft, Einsicht und Weisheit geben sie an die Engel der nächsten Hierarchiestufe weiter. Dies sind die in der Bibel mit folgenden Namen bezeichneten Wesen: «Herrschaften», «Mächte» und «Gewalten». Diese wiederum geben das Empfange weiter an die «Fürstentümer», Erzengel und Engel. Erst letztere sind es, die in der Regel in Verbindung mit den Menschen treten. Sie stehen der irdischen Wirklichkeit auch ihrem Wesen nach am nächsten.

Ich greife nochmals das Beispiel des Stromes auf. Würde man Starkstrom direkt in eine Glühbirne leiten, so würde sie unweigerlich verglühen. Der Strom muss also auf eine Stärke transformiert werden, die eine Glühbirne erträgt. Die Engel geben von Stufe zu Stufe die Energiestärke in jenem Mass weiter, wie es für die untere Hierarchie-Ebene erträglich ist. Die Engel auf der untersten Stufe stellen die «Verbindungskabel» zu uns Menschen dar. Durch sie fliesst der himmlische Kraftstrom in einer Stärke, wie wir diesen aufnehmen können, ohne Schaden zu nehmen. Deshalb sind ihre Berührungen meist sehr sanft.

Der vom Unsichtbaren, Unermesslichen, Unbegrenzten, wie Dionysius Gott auch nennt, ausgehende urgöttliche Strahl, wird, nachdem er durch «die Hände» der Engelhierarchien verfeinert bis zu den Menschen in die sichtbare, sinnliche Welt gelangt, in ganz unterschiedlichen Eigenschaften erfahren: Als Hoffnung und Zuversicht, als Stärkung des Selbstvertauens und der Entschlossenheit, als Liebe und Friede, als Glück und Freude, als Geduld und Gelassenheit, als Trost und Kraft, um nur einige zu nennen. Manchmal kann es dabei auch zu körperlich spürbaren Empfindungen kommen. Schauen wir uns dazu nochmals Beispiele an.

Der Schlager und der Schauder – Kapitel 28

«Mein Mann und ich gingen früh zu Bett», schrieb mir eine Frau aus Deutschland. «Die genaue Zeit kann ich nicht benennen. Wir hatten eine Rundum-Erkältung und fühlten uns nicht wohl. Mein Mann schlief schon, auch ich schlief ab und zu ein. Es muss in der Zeit zwischen 19.00 und 21.00 Uhr gewesen sein. Plötzlich wurde ich abrupt wach und dachte: ‹Was war denn das?› Ein frischer Luftzug wehte an meinem Gesicht vorbei. Ich empfand Hoffnung, Liebe, Wärme, ein Glücksgefühl für Leib und Seele, das wohlig und warm war. Ich weckte meinen Mann und fragte ihn, ob irgendein Fenster offen war oder eine Tür. Nein, alles war zu, also auch keine Zugluft. Ich war ganz benommen von diesem wunderbaren Gefühl. Als ich wieder zu mir fand, rief ich gleich meine Bekannte an und berichtete ihr, was ich eben erlebt hatte. Sie antwortete mir wie aus der Pistole geschossen: ‹Das war dein Schutzengel.›

Ich weiss nicht, ob sich mir mein Schutzengel in meinem bisherigen Leben schon einmal genähert hat. Wenn ja, dann habe ich es nicht bewusst wahrgenommen. Vielleicht brauchte es auch seine Zeit, um ihn zu erkennen.

Am nächsten Morgen war ich beim Waschen im Bad und hörte den alten Schlager vom kleinen Prinzen im Radio. In dem Text heisst es unter anderem: ‹Ein Engel steht am Fenster und schaut dich an und ein Atemzug der Liebe streift die Herzen, die ihn sehen und ein Stern erstrahlt für die, die ihn verstehen.› Ich blieb doch einen Moment fassungslos stehen, und ein Schauder überkam mich. Es war genau das, was ich empfand.

Sicher gibt es jetzt Menschen, die denken, dass ich spinne. Ich habe diesen Moment so erlebt, wie ich ihn hier beschrieben habe. Es war ein so wunderbarer Moment, dass es nur ein Engel gewesen sein kann. Diesen Moment, der mir Hoffnung, Liebe, Wärme und ein Glücksgefühl gegeben hat, werde ich niemals vergessen.»

Ich habe bereits geschrieben, dass sich Gott durch alles Mögliche mitteilen kann. Stellen Sie sich vor, er würde nur durch Predigten oder alte und neuzeitliche Kirchen- und Anbetungslieder sprechen. Da wären wir arm dran. Sein Geist weht, wo er will! Dieser Schlager wurde für diese Frau zu einem «Wort Gottes»! Der «urgöttliche Lichtstrahl» traf sie durch die Worte des Sängers.

Wieder auf eine andere Art erlebte den «urgöttlichen Strahl» eine Person, nachdem sie die Diagnose Krebs erhalten hatte. Dies ist ihre Geschichte: «‹Nur du kannst mir helfen›, betete ich immer wieder zu Gott. Schon bevor ich die Diagnose des Arztes erhalten hatte, war ich unruhig geworden. Ich sagte mir immer: ‹Es muss doch noch mehr im Leben geben. Das kann es doch nicht sein.› Materiell ging es uns nicht schlecht. Wir hatten alles. Trotzdem war der Gedanke da, dass es noch mehr geben müsse. Dann kam die Diagnose, und ich begann noch intensiver nach diesem ‹Mehr› zu suchen. In jener Zeit besuchte ich seit langem wieder einmal einen Gottesdienst in der Kirche. Während der Feier fiel eine Art Lichtstrahl in mein Herz. Etwas Unerwartetes geschah mit mir: Freude, Friede und Wärme durchströmten mich. Durch dieses Erlebnis habe ich den Draht nach oben gefunden. Ich fühle mich begleitet und getragen.»

«Den Draht nach oben gefunden.» Das ist die Sehnsucht der Engel! Sie wünschen so sehr, dass wir diesen «Draht» finden, dass es zu einer Verbindung kommt, damit sie uns auf unserem Lebensweg begleiten können. Eine junge Frau, von der nachstehend die Rede ist, hatte diesen Draht gefunden, pflegte ihn und nahm gerne die Hilfe der Gesandten Gottes in Anspruch. Welche praktischen Auswirkungen diese Verbindung hatte, zeigt sie uns an einem Beispiel.

Sie wusste, dass sie die Beziehung zu diesem Mann auflösen sollte und wollte. Es stimmte einfach in einem fundamentalen Bereich nicht. Die Entscheidung war in ihr gefallen. Aber wie sollte sie es ihm sagen? Es kam der Samstagabend, an dem das nächste Treffen stattfand und sie die Beziehung beenden wollte. Sie fuhren gemeinsam zum Essen. Sie erinnerte sich: «Als hätten sich alle Kräfte gegen mich verschworen, wurde unser Beisammensein im gediegenen Lokal besonders schön. Das Essen verging und ich fand einfach nicht die Gelegenheit zu sagen, was ich mir vorgenommen hatte. Wir waren bereits wieder vor meinem Elternhaus angekommen und sassen noch einen Moment im Wagen. ‹O Gott, gib du mir Kraft, meinen Weg zu gehen.› Kaum hatte ich das gedacht, geschah etwas Seltsames, nie Dagewesenes: An meiner linken Schulter berührte mich jemand von hinten zart und zugleich fest, und eine unbeschreiblich herrliche Musik erklang in meinen Ohren. Ich kannte schon damals viele schöne Musik. Jene aber war nicht von dieser Welt. Später versuchte ich oft, mir die Melodien ins Gedächtnis zurückzurufen, doch es gelang mir nie. Es blieb einzig und allein die Erinnerung an etwas, das sich den Massstäben dieser Welt entzog.

Die Berührung durch das unsichtbare Wesen und die Klänge aus dem Nichts waren schon seltsam genug, doch folgte da noch ein Drittes: Wie durch Zauberhand fiel aller Schmerz von mir ab, die Beziehung war auf einen Schlag gelöst, ich sagte Lebewohl und verschwand im Haus. Und was besonders schön ist: Wann immer wir uns begegnen, und das geschieht hie und da, ist beider Freude gross. Keines ist dem anderen gram.»

Die Engel träumen davon, dass Menschen den Kontakt zu Gott pflegen. Bedeutet das, dass die Boten Gottes nur auf jene acht haben, die in einer Beziehung mit dem Himmel leben? Der nachfolgende Bericht gibt darauf eine Antwort:

«Meine Mutter stellte meinen Bruder als Baby für den Mittagsschlaf im Kinderwagen auf den Sitzplatz vor dem Haus. An einem Mittag schrie und weinte er – ganz gegen seine Gewohnheit, denn normalerweise schlief er tief und fest. Sie nahm ihn aus dem Wagen und trug ihn ins Haus. In der Nähe befand sich eine Baustelle und eine Kiesgrube. Da wurde manchmal auch gesprengt. So auch an diesem Nachmittag. Als meine Mutter wieder auf den Sitzplatz trat, sah sie, dass im Kinderwagen auf dem Kopfkissen ein faustgrosser Stein lag. Er war über das Dach in den Wagen geschleudert worden. Meine Mutter war eine sehr nüchterne Frau, der Kirche und dem Glauben gegenüber zeitlebens sehr reserviert bis ablehnend eingestellt. Über den Glauben sprach man nicht in unserer Familie. Von diesem Erlebnis hat sie mir erst erzählt, als ich erwachsen war, auch damals noch mit Staunen und Verwunderung.»

Auch die folgende Geschichte blieb lange ein Geheimnis weniger Personen. Die meisten davon sind schon gestorben. Warum diese Zurückhaltung?

Von medizinischen Wundern und vielen Fragen – Kapitel 29

«Es macht mir Mühe, wenn ich belächelt und als Schwärmerin abgetan werde, da ich so genau weiss, dass unsere Tochter von ihrem Sauerstoffmangel mit Folgen geheilt wurde. Doch der Reihe nach. Wegen Komplikationen wurde unser viertes Kind durch Kaiserschnitt geboren. Es war eine Frühgeburt viele Wochen vor dem Geburtstermin. Die Medizin war damals noch nicht soweit fortgeschritten wie heute, deshalb wurde mir gesagt, dass für das Kind kaum eine Chance bestehen würde. Ich war sehr zuversichtlich, legte die Situation in Gottes Hand und bat ihn, alles so zu machen, wie er es wolle. Ich war bereit, ihm das Kindchen ohne zu murren wieder zu überlassen. Die eben erst geborene Tochter bekundete grösste Mühe beim Atmen. Dies führte zu einem Sauerstoffmangel im Gehirn. Während einer Woche kam der Kinderarzt jeden Abend und sagte: ‹Ihr Kind lebt noch.› Als ich einmal sehr lange warten musste, dachte ich schon, jetzt sei etwas passiert, jetzt sei es vielleicht sogar gestorben. Doch das Gegenteil war der Fall. Als der Arzt kam, meinte er, dass das Kind trotz der schlechten Startbedingungen überleben werde. Unsere Sarah habe ‹Babyspeck› zugelegt, und auch sonst sähe es weit positiver aus.

Es kam die Zeit, wo man daran denken konnte, sie nach Hause zu nehmen. Man machte mir jedoch klar, dass es nicht einfach sei, ihr mit dem Schoppenfläschchen zu trinken zu geben. Das Mädchen versteife sich, mache ausfahrende Bewegungen. Ich müsse vorbeikommen, um zu lernen, wie man ihr die Nahrung am besten geben könne. Bei dieser Auskunft läuteten bei mir die Alarmglocken. Nachdem ich bis jetzt Gott immer gedankt hatte, dass unsere Tochter leben durfte, begann ich, Gott zu fragen: ‹Wenn es doch so ein Wunder ist, dass das ‹Würmchen› nicht starb, warum darf es dann nicht gesund sein?› Meine Eltern besuchten regelmässig einen Gebetskreis. Dort wurde stets auch für unsere Tochter gebetet. Einige Tage, bevor ich dann ins Spital gehen sollte, um das Fläschchen geben zu lernen, ging auch ich in den Gebetskreis. Während des Gebets sah ich plötzlich vor meinem inneren Auge eine weisse Gestalt, die sich über das Bettchen unserer Tochter beugte, und ich war augenblicklich überzeugt: Jetzt hat Jesus (oder hat er einen Engel geschickt?) unsere Sarah gesund gemacht. Ein Wunder ist geschehen! Nach diversen Untersuchungen und Abklärungen kamen die Ärzte zum Schluss: Sarah ist ein medizinisches Wunderkind!»

Auch von solch einem medizinischen Wunderkind erfahren wir in der nächsten Geschichte:

«Unser knapp zweijähriger Sohn wurde von einem Traktor überfahren. Die Ärzte machten uns keine grossen Hoffnungen. Doch erstaunlicherweise blieb der Zustand unseres schwerst verletzten Kindes stabil. Nach einigen Wochen auf der Intensivstation konnte er auf die Abteilung verlegt werden und nach weiteren fünf Wochen durften wir zu Hause wieder ein gesundes Kind in Empfang nehmen. Ich sehe noch die vielen Ärzte vor mir, wie sie um das Bett unseres Sohnes standen, wie sie staunten und von einem Wunder sprachen. Besonders in der ersten Zeit fühlten wir uns wie in eine Wolke voll Liebe gepackt. Das war etwas vom Schönsten, was wir je erlebt haben. Doch die vielen Unfälle in letzter Zeit, gerade auf Bauernhöfen, machen mich traurig und manchmal bekomme ich fast ein schlechtes Gewissen darüber, dass ausgerechnet bei uns ein Wunder passiert ist.»

Diesem Empfinden, dass man sich über ein selbst erlebtes Wunder angesichts des Schmerzes anderer nicht so richtig freuen kann, begegne ich in der Notfallseelsorge immer wieder. Man ist zwar dankbar und glücklich und doch brennt gleichzeitig die Frage im Herzen: «Warum wurde ich gerettet und die andern nicht? Warum musste sie sterben und nicht ich?» Diese Frage wird noch intensiver aufgeworfen, ja manchmal gar herausgeschrien, wenn Eltern von einem Kind oder Grosseltern von einem Enkelkind Abschied nehmen müssen.

Damit sind wir bei jener Frage angelangt, die Sie vielleicht beim Lesen ab und zu beschäftigt hat: Warum geschehen da Wunder, dort aber nicht? Warum greifen in einer Situation Engel helfend, rettend, ermutigend und unterstützend ein, in einer anderen Situation fehlt jegliche Spur von ihnen? Ist es da nicht begreiflich, dass Menschen solchen Geschichten gegenüber skeptisch eingestellt sind, ja, sie gar ablehnen? Ist es nicht verständlich, wenn sie von Schwärmerei sprechen und jene spöttisch belächeln, die noch an solche Geschichten glauben oder dass manche gar wutentbrannt reagieren?

Ich verstehe die Fragen gut und habe auch keine Antworten darauf. Ein Vater, der seinen Sohn verloren hat, schrieb über das Erlebte ein Buch mit dem Titel «Verkauft mir das Leiden nicht als Gottes Willen.» [84)] «Verkauft mir ...» Es wird viel «verkauft», wenn es um die Erklärung von Unerklärlichem geht, wenn man versucht, Unbegreifliches zu begreifen. Viele Erklärungsmodelle werden angeboten, wenn von Betroffenen mit grosser Eindringlichkeit die Frage nach dem «Warum» gestellt oder herausgeschrien wird. Wie versuchte dieser Vater mit dem Schrecklichen umzugehen? Er schreibt im erwähnten Buch: «Mit dem ersten epileptischen Anfall entstand ein Tagebuch, zunächst die Entwicklung sehr nüchtern beschreibend. Es entwickelte sich aber immer mehr zu einer Möglichkeit, die Erfahrungen zu verarbeiten. Ich brach das Tagebuch ab, als mir klar wurde, dass unser Matthias sterben musste. Ich wollte die kostbare Zeit, die uns blieb, nicht auf das Schreiben eines Tagebuches vergeuden, sondern nur für ihn nutzen. Trotzdem entstanden aus den Gedanken – manchmal am Rande der Verzweiflung und des Wahnsinns – Texte. Ich schrieb mir den Schmerz von der Seele, oft sehr spontan, auch noch nach seinem Tod. (...) Auch wenn ich es in der damaligen Situation nicht hören konnte, weil es mir angesichts der Schmerzen und des Leidens meines geliebten Sohnes als ein zu billiger Trost erschien: die Zeit mit unserem Matthias war nicht ‹umsonst›. Sie hat mein Leben geprägt. Sie hat uns als Familie zusammengeschweisst. Sie hat uns reifen lassen. Diesen Trost – ich nenne ihn einen ‹teuren Trost› – möchte ich mit diesem Buch weitergeben, besonders an die Väter, die ein Kind verloren haben oder verlieren werden: dass sie ihre Gefühle zulassen, vor allem die Gefühle des Schmerzes und der Verzweiflung, der Schwäche und der Ohnmacht. Diese sind der Nährboden für Heilung und Hoffnung, für Stärke und Kraft.»[85)]

In Bezug auf Fragen ohne Antworten bin ich durch einen jungen Mann in einer Krise auf ein Gedicht von Rainer Maria Rilke aufmerksam gemacht worden. Es trägt den sinnigen Titel: «Was mich bewegt» und hat mich selbst sehr bewegt:

Was mich bewegt

«Man muss den Dingen
die eigene, stille, ungestörte Entwicklung lassen,
die tief von innen kommt,
und durch nichts gedrängt oder beschleunigt werden kann,
alles ist ausgetragen – und dann geboren ...

Reifen wie der Baum, der seine Säfte nicht drängt
und getrost in den Stürmen des Frühlings steht, ohne Angst,
dass dahinter kein Sommer kommen könnte.
Er kommt doch!

Aber er kommt nur zu den Geduldigen, die da sind,
als ob die Ewigkeit vor ihnen läge, so sorglos still und weit.

Man muss Geduld haben, gegen das Ungelöste im Herzen,
und versuchen, die Fragen selbst lieb zu haben,
wie verschlossene Stuben,
und wie Bücher, die in einer sehr fremden Sprache geschrieben sind.

Es handelt sich darum, alles zu leben.
Wenn man die Fragen lebt, lebt man vielleicht allmählich,
ohne es zu merken, eines fremden Tages in die Antwort hinein.»[86)]

In einer eigenen Krisenzeit hat mich das folgende Gebet begleitet:

«In den Tiefen, die kein Trost erreicht, lass doch deine Treue mich erreichen. In den Nächten, wo der Glaube weicht, lass nicht deine Gnade von mir weichen. Wenn ich deine Hand nicht fassen kann, nimm die meine du in deine Hände, nimm dich meiner Seele gnädig an, führe mich zu einem guten Ende.» 87)

Im folgenden Kapitel lasse ich Betroffene zu Wort kommen, die erzählen, was sie in trostlosen Zeiten erlebt haben.

Das Kind im Arm seines Urgrossvaters – Kapitel 30

«Wie hatten wir uns auf unser Enkelkind gefreut. Die Aufregung und Vorfreude wurde immer grösser, als der Geburtstermin näher rückte. Und dann war er da. Das so ersehnte Enkelkind kam zur Welt und ist gleich wieder gestorben. Wir waren untröstlich und fanden keine Worte. Warum? Am Tag, als das kleine Menschlein beerdigt wurde, starb unser Grossvater. Seine letzten Worte waren gewesen: ‹Er werde nun eben nicht Urgrossvater.› Am Tag seiner Abdankungsfeier sah ich dann ein wunderschönes Bild vor mir, wie der glückliche Urgrossvater im Lehnstuhl sass, in den Armen hielt er seinen sehnlichst erwünschten Urenkel. Ich sah die beiden nicht als Engel, sondern in schöner Kleidung. Damals verdrängte ich das Engelbild.

Als ich viele Monate später, am Ewigkeitssonntag, wieder die Kirche besuchte, weil die Verstorbenen nochmals genannt wurden, sah ich während der ganzen Predigt unsere zwei Engel und bin nun auch glücklich über mein Bild.»

Könnte es sein, dass die Familienbande und das Band der Liebe auch über den Tod hinaus bestehen? Könnte es sein, dass alles irgendwie Eins ist, verbunden, ungetrennt, auch wenn der Tod uns scheidet? Was bedeutet es, wenn der Apostel Paulus in seinem klassischen Kapitel über die Liebe schreibt: «Auch wenn alles einmal aufhört – Glaube, Hoffnung und Liebe nicht. Diese drei werden immer bleiben; doch am höchsten steht die Liebe.»[88)]

Manche Berichte sind mir zugeschickt worden, in denen davon gesprochen wird, dass Verstorbene nochmals «gekommen» sind, um sich zu verabschieden, wie in folgendem:

«Die Schwester meines Mannes durchlebte eine lange, schwere Leidenszeit. Sie konnte nicht mehr reden, hatte alle ihre Haare verloren und war stark gezeichnet von der Krankheit. In der Nacht, als sie starb, geschah Folgendes: Wir hatten die Läden geschlossen und waren am Schlafen. Ich erwachte und sah eine starke Helligkeit. In diesem Licht erschien mir die Verstorbene ganz gross, ähnlich aussehend wie ein Engel mit wallenden, schönen, langen, blonden Haaren. Sie sah aus wie früher. Sie trug ein weisses, wallendes Kleid. Wenn ich mich recht entsinne, sah ich sogar Flügel. Ich erkannte ihr Gesicht und ihre Stimme. Sie sagte: ‹Ich bin gekommen, um Abschied zu nehmen.› Danach löste sich die Erscheinung auf. Am selben Morgen sprach ich mit meiner Tochter über das Erlebnis. Sie war ganz gerührt und erzählte nun ihrerseits, dass ihr die Tante in der Nacht ebenfalls wie ein Engel erschienen sei.»

Die Liebe ist aber auch der Grund für das Heimweh, das nach einer Verstorbenen empfunden wird. So sehnte sich ein sechsjähriges Kind nach seiner eben verstorbenen Grossmutter. Es erinnerte sich: «Ich weinte tagelang, weil ich eine so grosse Sehnsucht nach ihr hatte. Eines Nachts erwachte ich und sah meine Grossmutter auf dem Bettrand sitzen. Sie hatte das schönste Kleid an, welches sie besass. Sie sagte: ‹Susi, es ist alles gut.› Als ich meiner Mutter davon berichtete, meinte sie, ich hätte einen Traum gehabt. Doch ich bin mir ganz sicher, dass es kein Traum gewesen ist!»

Dieses Heimweh, diese Sehnsucht hat Dietrich Bonhoeffer in einem Brief aus dem Gefängnis an ein befreundetes Ehepaar treffend beschrieben:

«Zunächst: es gibt nichts, was uns die Abwesenheit eines lieben Menschen ersetzen kann, und man soll das auch gar nicht versuchen; man muss es einfach aushalten und durchhalten; das klingt zunächst sehr hart, aber es ist doch zugleich ein grosser Trost; denn indem die Lücke wirklich unausgefüllt bleibt, bleibt man durch sie miteinander verbunden. Es ist verkehrt, wenn man sagt, Gott füllt die Lücke aus; er füllt sie gar nicht aus, sondern er hält sie vielmehr gerade unausgefüllt, und hilft uns dadurch, unsere echte Gemeinschaft miteinander – auch wenn unter Schmerzen – zu bewahren. Ferner: Je schöner und voller die Erinnerungen, desto schwerer die Trennung. Aber die Dankbarkeit verwandelt die Qual der Erinnerung in eine stille Freude. Man trägt das vergangene Schöne nicht mehr wie einen Stachel, sondern wie ein kostbares Geschenk.»[89)]

In dieser Art und Weise erlebte es eine Mutter, welche früh von ihrer Tochter Abschied nehmen musste:

«Meine Tochter war eine begeisterte Orientierungsläuferin. Mit ihren Kindern begleitete ich sie auch dieses Mal an den Start. Wir verabschiedeten uns. Nach einiger Zeit kehrten wir zum Ziel zurück, um sie zu empfangen. Doch sie traf dort nie ein. Sie war während des Laufes zusammen gebrochen und ist an einem Herzversagen gestorben. Einige Tage danach schaute ich aus dem Fenster, und was sah ich am Himmel? Einen grossen Wolkenengel, mit weissen Flügeln, mit Kopf – einfach wie ein Engel. Das war ein starker Trost für mich. Einige Zeit später weilte ich im Spital. Da ich schlecht schlafen konnte, bat ich das Pflegepersonal, die Rollläden offen zu lassen. Es war ein rauer, wüster, düsterer Tag. So ähnlich, wie es manchmal in meiner Seele aussah, seit meine Tochter verstorben war. Doch plötzlich hat der Himmel ‹aufgeglänzt› und ich sah wieder diesen grossen Engel. Dieses Mal schaute er hinter dem Berg hervor und war im Gegenlicht und deshalb schwarz. Das hat mich so berührt, war für mich ein Wunder und hat mich getröstet! Aber das Heimweh ist gross und obwohl mir der Glaube hilft, gibt es bis heute schlechtere und bessere Zeiten. Aber wenn man es selbst erlebt hat, wie ein Kind stirbt, kann man sich besser in andere einfühlen.»

Vom Mitfühlen handelt die nächste Geschichte:

«Schon immer nahm ich gerne Anteil an den Menschen. Oft beschäftigten mich aber Gespräche dermassen, dass ich nachts aufwachte und darüber beten und weinen musste. So war ich eines Nachts auch wieder im dunklen Wohnzimmer und weinte und schüttete Gott mein Herz aus. Da sah ich eine einzige Wolke am Himmel, und dahinter begannen sich Lichter, schwebenden Engeln gleich, zu bewegen. Kein Blitz, kein Donner, kein Wetterleuchten, nur diese kreisenden Lichter. In diesem Moment empfand ich einen tiefen Trost und eine Gewissheit, die bis heute anhält: Gott ist da. Hinter der dunkelsten Wolke steht sein strahlendes Licht!»

Verborgen hinter dunklen Wolken – Kapitel 31

«Gott ist da. Hinter der dunkelsten Wolke steht ein strahlendes Licht.» Doch warum sehen einige Menschen dieses Licht und bei andern reisst diese Wolkendecke, die sich über unser Herzensauge gelegt hat, nie auf? Warum sehen einige Menschen Engel und erleben in anderer Weise Berührungen aus der unsichtbaren Welt und andere wieder nicht?

Wieder diese Frage, bei der ich ratlos bin. Mir ist jedoch aufgefallen, dass durch das erste Buch «Wie Engel begleiten» viele angeregt wurden, einmal in die Schatzkammer der eigenen Erinnerung einzutreten und siehe da: Plötzlich kamen ihnen Erlebnisse in den Sinn, von denen sie sagten: «Da muss ein Engel geholfen haben.» Und dies, obwohl sie weder etwas gespürt noch gesehen hatten und obwohl sie in anderen Situationen vor Unheil und Schwerem nicht verschont geblieben waren.

In einem Buch las ich vor einiger Zeit: «Die einzige Ehre, die der Mensch seinem Schöpfer erweisen kann, besteht darin, dass er ihn sucht.» Dieser Ausspruch hat mich gefesselt. Vielleicht regt er auch Sie zum Nachdenken und zum Suchen oder Weitersuchen an. Ein Suchender hat einmal so gebetet:

«Gott, du bist hoffentlich da, wenn es mir schlecht geht, wenn ich durch die Dunkelheit gehe, wenn mein Leben gescheitert scheint. Gott, öffne mir die Augen, zeige dich, trage mich, beschütze mich, damit ich spüre, dass deine grosse und barmherzige Liebe für mich und meine Sorgen da ist.»

Vielleicht sagt ihnen der Name Martin Luther King etwas. Er setzte sich für die Abschaffung der Sklaverei in den USA ein. Ohne diesen Kampf hätte er als Pfarrer in irgendeiner Gemeinde ein angenehmes und bequemes Leben führen können. Doch er empfand es als seine Mission, sich dafür einzusetzen, dass alle Menschen sich als Brüder und Schwestern und als Kinder des einen Gottes verstehen und entsprechend miteinander umgehen. Sich und seine Mitmenschen hat er immer wieder daran erinnert:

«Komme, was mag. Gott ist mächtig. Wenn unsere Tage verdunkelt sind, so wollen wir stets daran denken, dass es in der Welt eine grosse segnende Kraft gibt, die Gott heisst. Gott kann Wege aus der Ausweglosigkeit weisen. Er will das dunkle Gestern in ein helles Morgen verwandeln.»[90)]

Dieses Verwandeln vom Dunkeln ins Helle hat Hella Zahrada in einem Gedicht mit dem Titel «Schicksal» beschrieben:

Schicksal
Als mich des Schicksalsengels Flügel streifte,
da fiel der Kranz des Glücks aus meinem Haar,
und jäh erlosch, was vorher leuchtend war.

Es hing des Schicksalsengels Flügelschatten
wie eine Wolke über meinem Dach,
bis ich den Sinn erkannte nach und nach
und mehr und mehr ein Licht im Innern spürte.

So schenkte mir der Engel, was er nahm,
weil jetzt das Licht aus meinem Herzen kam.[91)]

Mit einer lichtvollen Geschichte möchte ich dieses Buch abschliessen

Die durchgebrannten Ponys und die Schar der Engel – Kapitel 32

Eine Reitlehrerin schrieb mir: «Mein Schutzengel begleitet mich, und ich spüre schon seit einigen Jahren immer wieder seine Gegenwart. Einmal aber waren viele Engel um mich herum und haben dafür gesorgt, dass nichts passiert ist.

Ich betreibe eine kleine Reitschule für Kinder und halte zu diesem Zweck sechs liebe und zuverlässige Ponys und Kleinpferde. Ich gebe seit vielen Jahren Reitstunden, und die Sicherheit ist mir sehr wichtig. Ich gebe auf die mir anvertrauten Schüler immer sehr gut acht.

An diesem Tag konnte ich aber nicht mehr selber auf meine Schülerinnen aufpassen. Es war tiefer Winter. Ich war mit einer Gruppe fortgeschrittener Reitschülerinnen auf einem Ausritt. Wir hatten den Schnee genossen, die Ponys waren zufrieden und die Kinderaugen strahlten. Da plötzlich ertönte hinter einer Scheune, an der wir soeben vorbeigeritten waren, ein lauter Knall. Die Ponys erschraken und das jüngste Pony, ein wunderschöner Grauschimmel, machte vor Schreck einen Riesensatz, und die junge Reiterin landete im Pulverschnee. Der Schimmel galoppierte daraufhin heimwärts. Die vier anderen Ponys liessen sich – aufgeregt wie sie waren – von ihren Reiterinnen auch nicht mehr halten und brannten mit den Kindern auf dem Rücken ebenfalls durch. Mein eigenes Pferd konnte ich anhalten, so dass ich mich kurz um das gestürzte Kind kümmern konnte, das aber unverletzt bereits wieder auf den Beinen stand. Ich bat es, an Ort und Stelle zu bleiben, bis ich zurück sei und galoppierte nun meinerseits Hang aufwärts den flüchtigen Ponys nach. Ich wusste, dass die Ponys den Heimweg finden würden und die Reiterinnen geschickt genug waren, oben zu bleiben, wenn sie auch nicht im Stande waren, die aufgeregten Tiere anzuhalten. Nur, zwischen den Ponys und dem heimischen Stall befand sich eine viel befahrene Kantonsstrasse!

Noch nie empfand ich solche Angst wie in den Sekunden oder Minuten, als ich auf meiner Stute den Ponys hinterher galoppierte! Ich erinnere mich noch an ein kurzes Stossgebet nach oben. Alles ging rasend schnell. Ich befand mich immer noch gut hundert Meter hinter der Ponygruppe, welche sich mittlerweile nur noch eine kurze Strecke vor jener Hauptstrasse befand, auf der täglich bis zu 15‘000 Fahrzeuge gezählt werden. Mit unvermindertem Tempo galoppierten die Ponys, mit den Kindern auf ihren Rücken, auf die Strasse zu. Mein Herz stand still – ich weiss nicht, was man in einem solchen Moment alles denkt, über Verantwortung und dass man doch ganz zuverlässige Ponys habe, dass so etwas noch nie passiert sei und dass doch bitte, bitte jemand dafür sorgen möge, dass die Ponys anhalten...!

In dem Moment sah ich, dass zwei Reiterinnen auf grossen Pferden vom Dörfchen herkommend die Hauptstrasse überquerten und sich in unsere Richtung bewegten. Als sich unsere Ponys auf gleicher Höhe mit den Pferden befanden, stoppten sie plötzlich und hielten bei den Pferden an. Es schien mir, als ob sie kraftvoll angehalten würden. Als ich schliesslich bei der Gruppe ankam, sassen alle Kinder unverletzt auf ihren Ponys, keine Reiterin war in Panik und die Ponys und auch die beiden Pferde standen ganz still. Es war etwas wie Magie in der Luft und plötzlich war mir, als sähe ich einen kurzen Moment eine ganze Schar Engel, welche die Ponys zwanzig Meter vor der Strasse gestoppt hatten. Es war eine ganz spezielle Energie, die ich so noch nie erlebt habe und ein ganz tiefer Friede. Der Moment, als ich das wahrnahm, war kurz, nachher folgten besorgte Fragen an die Kinder und die sofortige Rückkehr zum gestürzten Kind. Es war nichts passiert! Die beiden Reiterinnen hatten genau zur rechten Zeit die Strasse überquert und ich bin überzeugt, die Schutzengel der Kinder haben geholfen, die Ponys anzuhalten.

Was mich an der Situation nachträglich noch sehr beeindruckt und überrascht hat: Keines der Kinder, weder das gestürzte, noch eines auf den durchgehenden Ponys hatte nachher einen Schreck oder ein Trauma. Im Gegenteil, schon auf dem restlichen Heimweg, wo wir, nebenher gehend, die Ponys führten, scherzten die Kinder miteinander, rätselten, wer wohl das schnellste Pony gehabt hätte, wäre das «Rennen» länger gegangen.

So etwas habe ich noch nie erlebt und werde es auch niemals vergessen! Ich bin noch heute von tiefer Dankbarkeit erfüllt, wenn ich an jenen Tag denke, als uns die Engel gerettet haben.»

Mögen auch Sie, liebe Leserin, lieber Leser, immer wieder den Beistand der unsichtbaren Welt erfahren. Deshalb schliesse ich diese Schrift mit einem Segenswort:

Der gütige Gott segne Sie und behüte Sie.
Er halte seine liebenden Hände schützend über Sie.
Er bestärke Sie in der Gewissheit, dass Sie in allen Situationen

von seinem Geist und seinen Engeln umgeben und begleitet sind.
Er berühre Sie mit seiner heilsamen Kraft der Liebe und schenke Ihnen Frieden.

Amen

Es gibt noch mehr

Deshalb sammle ich auch weiterhin Berichte. Allerdings geht es mir nicht in erster Linie darum, weitere Beispiele zusammen zu tragen. Hinter meinen Schriften steht ein seelsorgerliches Anliegen. Ich höre immer wieder, wie gut es tut, einmal mit jemandem über Erlebtes reden zu können. Ich fühle mich dabei nicht etwa als Experte, der alles verstehen und erklären könnte, sondern möchte einfach als Hörender und selbst Lernender Menschen zur Seite stehen.

Sollten Sie das Bedürfnis haben, ein Erlebnis mitzuteilen, dann wenden Sie sich an untenstehende Adresse.

Kontaktadresse:
Pfarrer Peter Schulthess
Witzbergstrasse 23
8330 Pfäffikon ZH
Schweiz
www.pfarrer-schulthess@ch

Dank

Ich danke Gott für mein Leben. Ich danke Gott für meine Frau und Kinder. Sie haben oft auf mich verzichtet und mir in Ferien und Freizeit den zeitlichen Raum gewährt, um an diesem Buch zu arbeiten. Ich danke allen, die mir ihre Erfahrungen zur Verfügung gestellt haben. Einige habe ich in diesem Buch veröffentlicht. Andere fanden keinen Platz. Alle aber sind kostbare Zeugnisse, welche darauf hinweisen, dass es ein «Mehr» gibt.

Ich danke «meiner» Landeskirche, der Evangelisch-reformierten Landeskirche des Kantons Zürich, für die grosszügige finanzielle Unterstützung auch dieses Buches und ebenfalls der Carl und Elise Elsener-Gut Stiftung. Danke allen Freunden, die das Buchprojekt ebenfalls grosszügig finanziell unterstützt, mich ermutigt und durch Korrekturen weitergebracht haben. Ich bedanke mich auch bei Professor Dr. theol. Ralph Kunz für die Bereitschaft, das Vorwort zu schreiben. Vielen Dank auch an Karin Antoniucci für das einfühlsame und aussagekräftige Umschlagbild. Und «last but not least» herzlichen Dank Lars Lepperhoff und dem Blaukreuz Verlag Bern für die motivierende Zusammenarbeit.

Bibelstellen und Literaturhinweise

Wenn nichts anderes erwähnt, stammen die Bibelzitate aus der Zürcher Bibel Übersetzung aus dem Jahre 2006. Mit der Abkürzung GNB ist jeweils die «Gute Nachricht Bibel» gemeint, nach der revidierten Fassung von 1997. RGB wiederum steht für das evangelisch-reformierte Gesangbuch der deutschsprachigen Schweiz, 1998.

Einleitung

1) Schulthess, P. (2. Auflage 2010): Wie Engel begleiten, Blaukreuz-Verlag Bern.
2) Gefunden unter: www.blaues-kreuz.de/Memmingen.

Kapitel 1: Sie werden Helden genannt

3) Psalm 103, Verse 20 und 21, zitiert nach der Luther-Übersetzung von 1964.
4) Buch Tobit, Kapitel 12, Vers 18, zitiert in Schulthess, P. (2. Auflage 2010): Wie Engel begleiten, Blaukreuz-Verlag Bern, S. 137.
5) Matthäus-Evangelium, Kapitel 12, Vers 34, frei zitiert nach der Zürcher Bibelübersetzung von 2006.

Kapitel 2: Wie eine alte Geschichte in einem jungen Leben wirkt

6) Markus-Evangelium, Kapitel 4, Vers 39.

Kapitel 3: Der Mann aus dem weissen Nichts

7) Markus-Evangelium, Kapitel 6, Vers 3.
8) Johannes-Evangelium, Kapitel 1, Vers 51.
9) Lukas-Evangelium, Kapitel 6, Vers 12.

Kapitel 4: Eine eigenartige Erscheinung in der Nacht

10) Matthäus-Evangelium, Kapitel 3, Verse 16 u. 17.
11) 1. Brief an die Thessalonicher, Kapitel 5, Vers 21.
12) Hell, D. (2. Auflage 2002): Die Sprache der Seele verstehen. Herder Spektrum, S. 37 u. 38.
13) Schaffer, U. (2003): Das grosse Buch der Gebete. Hrsg. Reinhard Kürzinger, Bernhard Sill, Pattloch Verlag, S. 166.
14) Markus-Evangelium, Kapitel 1, Verse 12 u. 13
15) Muhr-Nelsen, A. (2012): Text in den Losungen der Herrnhuter Brüdergemeine 2013, Friedrich Reinhard Verlag, Basel, S. 124.

Kapitel 5: Als im Spital Gottes Hand erschien

16) 2. Brief an die Korinther, Kapitel 5, Verse 17b u. 18a.
17) Matthäus-Evangelium, Kapitel 1, Vers 23.

Kapitel 7: Der junge Mann und die entgegengestreckte Hand

18) Geschichte aus einem Büchlein, dessen Titel und Autor mir nicht mehr bekannt sind.
19) Lukas-Evangelium, Kapitel 24, Vers 31b, nach GNB.
20) 1. Buch Moses, Kapitel 18, Vers 2ff.
21) Buch Tobit, Kapitel 3, Verse 16 u. 17, nach GNB.
22) Buch Tobit, Kapitel 5, Verse 4ff., nach GNB.
23) Wiemer, R. O. (2001): Der Augenblick ist noch nicht vorüber, Kreuz Verlag Stuttgart, (Rechte: Rudolf Ott Wiemer Erben, Hildesheim).
24) Losungen der Herrnhuter Brüdergemeine (2013), Sonntag, 11. August 2013, S. 103; Friedrich Reinhard Verlag, Basel.

Kapitel 9: Vom Lächeln des Engels

25) Prophet Micha, Kapitel 7, Vers 19, nach GNB 1997.
26) Matthäus-Evangelium, Kapitel 7, Vers 3.
27) Lukas-Evangelium, Kapitel 6, Vers 21b.
28) Mallasz, G. (11. Auflage 2001): Die Antwort der Engel, Daimon Verlag Einsiedeln, S. 212.
29) ebenda, Seite 215
30) Johannes-Evangelium, Kapitel 1, Verse 47–51.
31) 2. Buch Mose, Kapitel 23, Vers 20, frei übersetzt.
32) 2. Brief des Petrus, Kapitel 3, Vers 8.
33) Lukas-Evangelium, Kapitel 19, Verse 41–44.

Kapitel 10: Das unbekannte Lächeln

34) Matthäus-Evangelium, Kapitel 2, Verse 13–15.
35) Johannes-Evangelium, Kapitel 1, Vers 51, nach GNB.
36) Lukas-Evangelium, Kapitel 9, Vers 22.
37) Lukas-Evangelium, Kapitel 22, Verse 31–34.
38) Matthäus-Evangelium, Kapitel 18, Vers 10.
39) Aus: Neues Gemeinschaftsliederbuch (1971), Brunnen Verlag Basel, Nr. 339, S. 444. Text von Wilhelmine Schaible um 1900; ursprünglicher Text von Sarah Flower Adams um 1841.
40) Aus: Grosses Cavayom (2. Auflage Oktober 1993), Schweiz. CVJM-Verlag, St. Gallen, Nr. 462. Text: Bonhoeffer D., Melodie: Fietz S., Rechte: Chr. Kaisser Verlag GmbH, München.

Kapitel 11: Der Junge und die rätselhafte Brücke

41) Psalm 37, Vers 5, nach der Luther Übersetzung von 1972.

Kapitel 12: Als Jesus in der Türe stand

42) Lukas-Evangelium, Kapitel 24, Vers 36, frei wiedergegeben.

43) Aus: www.aphorismen.de.

Kapitel 13: Die Schatten und die Engel

44) Psalm 23, Verse 4–6, frei wiedergegeben.

45) Psalm 23, Verse 1 u. 2.

Kapitel 15: Der Knabe und die Erscheinung im Feuerschein

46) RGB, Nr. 98, S. 176/177.

47) 1. Timotheusbrief Kapitel 4, Vers 4.

48) Matussek M. (Artikel Nr. 13 / 2013): Das letzte Abenteuer. Veröffentlicht im Magazin des Tages Anzeigers.

49) Dossey, L. (2010): Heilende Worte. Crotona Verlag, S. 108 u. 110.

50) Buch Jona, Kapitel 2, Vers 3.

51) Matthäus-Evangelium, Kapitel 6, Verse 7 u. 8, nach GNB.

Kapitel 16: Eine Vision unter einem Apfelbaum

52) RGB Nr. 578, S. 701.

53) RGB Nr. 233, S. 302/303.

Kapitel 17: Ein geplatzter Termin

54) Matthäus-Evangelium, Kapitel 27, Verse 50 u. 51a, nach GNB.

55) Buch Joel, Kapitel 3, Vers 1.

Kapitel 19: Es war wie ein Todesurteil

56) Lukas-Evangelium, Kapitel 2, Vers 14, frei wiedergegeben.

57) siehe Anmerkungen unter Nummer 12.

Kapitel 20: Das Kreuz und die Kraft

58) Markus-Evangelium, Kapitel 15, Vers 34.
59) Markus-Evangelium, Kapitel 16, Verse 1–8.
60) Matthäus-Evangelium, Kapitel 6, Vers 34, nach GNB.
61) 1. Buch des Propheten Samuel, Kapitel 16, Vers 17.
62) 2. Buch der Könige, Kapitel 3, Verse 15 u. 16.
63) Zitiert im Artikel: Das letzte Abenteuer, siehe Nr. 48.

Kapitel 21: Das wiedergefundene Singen

64) Mallasz, G. (11. Auflage 2001): Die Antwort der Engel, Daimon Verlag Einsiedeln, S. 17.
65) Verfasser unbekannt.
66) Newton, John (1725 – 1807); deutsche Textfassung – Verfasser unbekannt.

Kapitel 22: Das weinende Mädchen und der Lichtstrahl

67) Matthäus-Evangelium, Kapitel 28, Vers 20b.
68) RGB Nr. 242, S. 315, Strophe 4.
69) Buch Josua, Kapitel 1, Vers 9.

Kapitel 23: Ein Engel am Rockkonzert

70) Losungen der Herrnhuter Brüdergemeine (2012), Dienstag, 29. Mai, 2012, S. 91; Friedrich Reinhard Verlag, Basel.
71) RGB Nr. 800, S. 951.

Kapitel 25: Bericht einer Nachtschwester

72) RGB Nr. 242, S. 314/315.

Kapitel 26: Ein verbotener Kirchgang

73) RGB Nr. 726, S. 873.
74) 1. Brief an die Korinther, Kapitel 13, Vers 9.

75) Matthäus-Evangelium, Kapitel 5, Vers 3, nach der Luther-Übersetzung von 1972.
76) Losungen der Herrnhuter Brüdergemeine (2010), Mittwoch, 29. September 2010, S. 160; 2009 Friedrich Reinhard Verlag, Basel.
77) Brief an die Epheser, Kapitel 1, Vers 20.
78) Aus: Begegnung mit Engeln. (1956), Otto Wilhelm Barth-Verlag, München, S. 80, Kapitel: Der Engel in unseren Tagen.

Kapitel 27: Ein seltsames Erlebnis mit einem Glasfenster

79) Buch Daniel, Kapitel 10, Verse 4-10 in Auszügen, nach GNB.
80) Dawkins, R., Evolutionsbiologe. Artikel im Migros Magazin vom 7. Oktober 2013, S. 27.
81) Steinwede, D. (Hrsg.), (6. Aufl. 1992): Das Hemd des Glücklichen. Gütersloher Verlagshaus Gerd Mohn, S. 106f.
82) 2. Buch Moses, Kapitel 33, Verse 18–23 in Auszügen.
83) Dionysius Areopagita: Die Engelhierarchie. (2010) Crotona Verlag, S. 17.
Es ist umstritten, wann Dionysius Areopagita seine Engellehre formuliert hat. Einige denken im 1. Jahrhundert nach Christus. Andere gehen von einer Niederschrift im 4. / 5. Jahrhundert nach Christus aus.

Kapitel 30: Von medizinischen Wundern und vielen Fragen

84) Schneck, E. (1998): Verkauft mir das Leiden nicht als Gottes Willen. Echter Verlag Würzburg.
85) Ebenda, S. 11 u. 12.
86) Reiner Maria Rilke (1875 – 1926). www.tau-magazin.net; eine kleine Sammlung grosser Worte.

87) Delbrück, J. (2010): Text in den Losungen der Herrnhuter Brüdergemeinde, Montag, 23. August 2010, Friedrich Reinhard Verlag, Basel, S. 139.

Kapitel 31: Das Kind im Arm seines Urgrossvaters

88) 1. Korintherbrief, Kapitel 13, Vers 13, nach GNB.

89) Bethge, E. (Hrsg.), (1956): Dietrich Bonhoeffer – Widerstand und Ergebung. Chr. Kaiser Verlag, München, S. 131.

Kapitel 32: Verborgen hinter dunklen Wolken

90) Gefunden unter: www.blaues-kreuz.de/Memmingen.

91) Ort der Veröffentlichung unbekannt.

Peter Schulthess

Hiobsbotschaft

Erfahrungen aus der Notfallseelsorge

176 Seiten, broschiert, 13 x 20,5 cm,
(mit Checkliste «Was tun bei einem Todesfall»)
ISBN 978-3-85580-447-4, Blaukreuz-Verlag Bern

Täglich werden Menschen völlig unerwartet mit dem Tod konfrontiert (Herzstillstand – Unfall – Katastrophen – Suizid – Verbrechen). Aus seiner langjährigen Erfahrung als Notfallseelsorger zeigt der Autor, wie Frauen und Männer, Kinder und Teenager auf solch schreckliche Ereignisse reagieren und was sie in den Stunden, Tagen, Wochen und Monaten danach durchmachen. Er erzählt vom Umgang mit Verstorbenen, von Abschiedsritualen am Sarg und am Ort des Todes, wobei er auch auf Jugendliche und ihre Bedürfnisse zu reden kommt.

Viele praktische Hinweise, wie man Menschen, die von einem Schicksalsschlag getroffen wurden, im Moment des Chaos aber auch lange nach dem Ereignis auf ihrem schweren Trauerweg helfen kann.

Peter Schulthess

Wie Engel begleiten

Erfahrungen aus biblischer und heutiger Zeit

160 Seiten, broschiert, 13 x 20,5 cm,
ISBN 978-3-85580-469-6, Blaukreuz-Verlag Bern

Hatten Sie einmal eine Begegnung mit einem Engel? Unter welchen Umständen machten Sie diese Engelserfahrung? Was ist dabei geschehen? Was hat sie in ihrem Leben bewirkt?

Die unterschiedlichsten Menschen kommen zu Wort und berichten von ihren persönlichen Erfahrungen. Durch Vergleiche mit biblischen Erzählungen werden verblüffende Gemeinsamkeiten sichtbar, die zeigen, wie Engel begleiten.

In sensibler und zurückhaltender Art spürt der Autor Engelsspuren nach im Bewusstsein, dass sich Engel nicht fassen lassen. Eine faszinierende Reise von biblischen Zeiten bis in die heutige Welt.

Peter Schulthess

Herr Pfarrer, beten Sie richtig!

Geschichten aus dem Pfarralltag

112 Seiten, broschiert, 13 x 20,5 cm,
ISBN 978-3-85580-521-1, Blaukreuz-Verlag Bern

Arbeitet ein Pfarrer eigentlich nur einmal in der Woche? Was hat ein Fussballturnier mit dem Pfarramt zu tun und welche Menschen trifft man an der Pfarrhaustür?

Auf lebendige, anschauliche und gut verständliche Art lässt Peter Schulthess hinter die Kulissen des Pfarrberufs blicken. Dabei gelingt es ihm, den Menschen hinter der Rolle des Pfarrers sichtbar werden zu lassen. Er schildert Begegnungen, die berühren aber auch manchmal ein Schmunzeln und Kopfschütteln hervorrufen. Anekdotisches ist immer wieder durchsetzt mit Zitaten und hintergründigen Überlegungen, die inspirieren.

Das Blaue Kreuz

Das Blaue Kreuz setzt sich für eine Welt ein, in der Alkoholkonsum kein Leid verursacht. Es hilft suchtkranken Menschen, unterstützt deren Angehörige und fördert eine suchtfreie Gesellschaft.

Das Blaue Kreuz wurde 1877 in Genf mit dem Ziel gegründet, Alkohol- und andere Suchtprobleme zu verhindern oder zumindest das dadurch entstandene Leid zu lindern. Es ist heute in 19 Kantonen tätig und bietet mit Suchtberatung, Integration und Prävention ein lückenloses Angebot für Suchtbetroffene, deren Angehörige und die gesamte Gesellschaft an. Seine Tätigkeit steht im Zeichen der christlichen Nächstenliebe und der Solidarität mit suchtbetroffenen Menschen.

Das Blaue Kreuz wird als gemeinnützige Organisation anerkannt. Es finanziert sich aus Spenden, Legaten und Leistungsverträgen mit öffentlichen Körperschaften. Neben den 150 Vollzeitstellen unterstützen qualifizierte Freiwillige das Blaue Kreuz mit einem Zeitgeschenk von rund 70 Vollzeitstellen. Dank der Unterstützung durch Dritte kann das Blaue Kreuz seine Angebote kostenlos oder günstig erbringen.

www.blaueskreuz.ch – info@blaueskreuz.ch – 031 300 58 60

Postkonto 30-8880-3 – IBAN CH62 0900 0000 3000 8880 3 – www.blaueskreuz.ch/spenden